Frontières de l'humour

Sémantiques
Collection dirigée par Thierry Ponchon

Déjà parus

Aviv AMIT, *Continuité et changements dans les contacts linguistiques à travers l'histoire de la langue française,* 2013
Christiane MORINET, *Du parlé à l'écrit dans les études*, 2012.
Jonas Makamina BENA, *Terminologie grammaticale et nomenclature des formes verbales*, 2011.
André ROMAN, *Grammaire systématique de la langue arabe*, 2011.
Julien LONGHI, *Visées discursives et dynamiques du sens commun*, 2011.
Boris LOBATCHEV, *L'autrement-vu, l'axe central des langues*, 2011.
Fred HAILON, *Idéologie par voix/e de presse*, 2011.
Jean-Claude CHEVALIER, Marie-France DELPORT, *Jérômiades. Problèmes linguistiques de la traduction, II*, 2010.
Rita CAROL, *Apprendre en classe d'immersion, quels concepts, quelle théorie ?*, 2010.
Bénédicte LAURENT, *Nom de marque, nom de produit: sémantique du nom déposé*, 2010.
Sabine HUYNH, *Les mécanismes d'intégration des mots d'emprunt français en vietnamien*, 2010.
Alexandru MARDALE, *Les prépositions fonctionnelles du roumain,* 2009.
Yves BARDIÈRE, *La traduction du passé en anglais et en français*, 2009.
Gerhard SCHADEN, *Composés et surcomposés*, 2009.
Danh Thành DO-HURINVILLE, *Temps, aspects et modalité en vietnamien. Etude contrastive avec le français*, 2009.
Odile LE GUERN et Hugues de CHANAY (dir.), *Signes du corps, corps du signe*, 2009.
Aude GREZKA, *La polysémie des verbes de perception visuelle*, 2009.

Sous la direction de
María Dolores VIVERO GARCÍA

Frontières de l'humour

L'Harmattan

5-7, rue de l'École-Polytechnique ; 75005 Paris

http://www.librairieharmattan.com
diffusion.harmattan@wanadoo.fr
harmattan1@wanadoo.fr

ISBN : 978-2-343-00672-7
EAN : 9782343006727

Avant-propos

Par María Dolores VIVERO GARCÍA
Universidad Autónoma de Madrid
dolores.vivero@uam.es

La diversité des formes de l'humour, de ses mécanismes et de ses effets dans les discours mérite une étude approfondie, qu'une approche de type contrastif ne peut que favoriser. En effet, la comparaison des modes d'apparition de l'humour dans des contextes socio-culturels différents est un moyen non seulement de cerner ce qui les distingue et ce qui les rapproche, mais encore de mieux comprendre et de mieux décrire les fonctionnements de la parole humoristique. Entre 2000 et 2003, un groupe de recherche franco-espagnol essayait, en adoptant une perspective comparative, d'établir des catégories permettant de décrire et de contraster l'humour en France et en Espagne. Ses résultats ont donné lieu à un ensemble d'articles réunis en 2006 dans le dossier « Humour et médias » de la revue *Questions de communication* 10, dont celui d'Anne-Marie Houdebine-Gravaud et Mae Pozas sur les dessins de presse espagnols et français traitant du 11-Septembre, celui de Manuel Fernandez et María Dolores Vivero García sur les chroniques journalistiques ou celui de Patrick Charaudeau, sur les catégories de l'humour. Celui-ci [1] propose de distinguer les catégories énonciatives (l'ironie, le sarcasme et la parodie) et celles qui portent sur la façon de représenter le monde (l'insolite, l'absurde et le paradoxe) ; ces six catégories, combinées entre elles et associées à des thèmes et à des effets de connivence variables (critique, ludique ou cynique), permettent de décrire les diverses formes d'humour.

---

1 « Des catégories pour l'humour ? », article téléchargeable sur le site <patrick-charaudeau.com>.

S'appuyant sur ces premiers résultats, deux nouveaux projets de recherche (« Humor e interrogación de la doxa en tiempos de conflicto o de crisis. Estudio comparativo (francés-español) del humor en la prensa y en la literatura contemporánea » [2] et « Humor y sociedad. Artes, prensa, internet. Estudio contrastivo Francia-España » [3]) prolongent et approfondissent la réflexion sur l'humour en l'inscrivant dans l'actualité sociale. Un premier volume collectif issu de ce travail et intitulé *Humour et crises sociales. Regards croisés France-Espagne* est paru en 2011 [4].

C'est dans le cadre de ces projets que s'inscrit le présent ouvrage collectif, dont l'objet commun est d'explorer, dans une approche pluridisciplinaire (analyse du discours, pragmatique, sociologie, sémiologie, stylistique et rhétorique littéraire), différentes frontières qui se trouvent impliquées dans la problématique de l'humour : frontières interculturelles tout d'abord (l'humour a-t-il des formes propres à une culture[5] ?), mais également discursives (liées aux différents genres interrogés), et catégorielles (comment définir et délimiter, dans les contextes étudiés, l'humour, l'ironie, la parodie ou l'insolite ?).

L'ouvrage est composé de 9 chapitres. Le premier, rédigé par Patrick Charaudeau, « De l'ironie à l'absurde et des catégories aux effets » propose une réflexion sur les différentes catégories de l'humour et sur les effets qu'elles produisent selon le type de connivence proposée au lecteur. Cette réflexion conduit l'auteur à reprendre la notion générique d'humour en apportant de nouveaux arguments, puis les catégories qu'il appelle « descriptives » et les types d' « effets », en en montrant certaines des combinaisons possibles.

---

2 Projet FFI2009-08499 et action complémentaire FFI2010-12037-E, financés par le Ministerio de Ciencia e Innovación espagnol.

3 Projet FFI2012-33068, financé par le Ministerio de Economía y Competitividad espagnol.

4 M. D., Vivero García (dir.) (2011).

5 La question est posée à partir du cas des cultures française, danoise et espagnole.

Le deuxième chapitre, intitulé « L'ironie : problèmes de frontière et étude de cas. Sarkozy face à Royal (2 mai 2007) » est entièrement consacré à la question de l'ironie. Catherine Kerbrat-Orecchioni s'intéresse essentiellement à l'ironie « au sens strict », définie comme « une manière de se moquer » (composante pragmatique) « en disant le contraire de ce que l'on veut faire entendre » (composante sémantique), définition qui soulève un certain nombre de problèmes (relation avec la litote, traitement polyphonique…). Elle analyse ensuite le fonctionnement de l'ironie telle qu'elle est pratiquée par Nicolas Sarkozy à l'encontre de Ségolène Royal dans le débat de l'entre-deux-tours des élections présidentielles de 2007. Elle s'interroge sur les effets interactionnels du procédé dans un tel contexte, et revient en conclusion sur la question de l'élasticité de la notion d'ironie et sur les extensions d'emploi auxquelles elle se prête.

La réflexion sur les frontières entre catégories se poursuit dans le chapitre 3, consacré aux problèmes spécifiques posés par l'image humoristique. Dans ce chapitre, intitulé « De la parodie dans la caricature et le dessin de presse », Anne-Marie Houdebine-Gravaud s'interroge en particulier sur la capacité de l'image à utiliser la parodie, étant donné que celle-ci opère toujours une citation, plus ou moins détournée, distanciée, mais identifiable, et qu'elle suppose donc des références communes, ce qu'on désigne par l'expression « culture générale » ou « monde partagé » ou encore « univers de sens commun ». L'auteure avance l'hypothèse que le verbal et ses relations anaphoriques (au sens de Tesnière) jouent un rôle fondamental dans la reconnaissance du discours parodié à travers le retournement énonciatif effectué. La question qui se pose alors est celle de savoir si l'image, qui ne peut nier (R. Barthes), arrive à opérer le retournement énonciatif propre à la parodie par le seul usage de l'intericonicité (ou intertextualité iconique). À l'aide d'un corpus de premières de couvertures d'humoristes et de dessins de presse, Houdebine tente de répondre à cette question.

Le chapitre 4, rédigé par Alain Rabatel, propose une approche innovante pour explorer les frontières entre l'humour et l'ironie. Il dégage les conditions énonciativo-pragmatiques et interactionnelles qui, en production et en réception, orientent l'interprétation vers l'humour ou vers l'ironie. Rabatel fait l'hypothèse que l'humour repose sur des positionnements plus complexes que ceux de l'ironie, parce qu'il présuppose d'abord de maîtriser son positionnement envers les autres *que* soi (ironie), avant de pouvoir exercer la dynamique de l'autre envers soi, et donc envers les autres *de* soi (humour). Le PDV (point de vue) humoristique fait l'objet d'une sous-énonciation qui va de pair avec une prise en compte irrévérencieuse de PDV1, en sorte que le véritable PDV de l'humoriste (PDV2) prend quelque distance avec le PDV source sans pour autant le remettre totalement en cause et sans que PDV2, plus pertinent que PDV1, se pose comme une vérité absolue, vu sa dimension ludique : c'est pourquoi PDV2 est doublement hypo-asserté, en lui-même, comme envers PDV1.

Dans le chapitre 5, María Dolores Vivero García apporte des éléments pour une description de l'humour comme catégorie générique. Elle pose qu'une description de l'humour nécessite la prise en compte des paramètres relatifs à la situation discursive. Elle situe ensuite dans ce cadre descriptif les catégories de procédés, et montre l'intérêt de partir de catégories bien définies pour pouvoir analyser leur articulation dans les discours. Elle étudie sur des corpus variés trois formes d'humour hétérogènes, le paradoxe caricatural, l'insolite caricatural et la parodie insolite, en suggérant des spécificités culturelles relatives à l'emploi de ces formes d'humour dans les contextes français et espagnol. Aux différents exemples provenant de discours divers (journalistique, politique, publicitaire, etc.) s'ajoutent des textes littéraires, notamment un extrait de *Pour en finir avec le genre humain*, de la Française Anne Garréta, et un autre de *Sin noticias de Gurb*, de l'Espagnol Eduardo Mendoza, qui font partie d'un corpus commun, préalablement établi dans le but de favoriser l'échange et le contraste entre perspectives différentes.

Ces deux mêmes fictions sont ensuite comparées, selon une optique littéraire, par Montserrat Cots Vicente, dans le chapitre 6, intitulé « Intertextualité, interdiscursivité et ressources humoristiques : Anne Garréta et Eduardo Mendoza ». L'auteure met en évidence la pratique généralisée, chez Garréta, d'une intertextualité érudite qui puise dans la littérature et dans la philosophie. Mendoza, en revanche, utilise comme procédé le collage de discours stéréotypés (annonces immobilières, menus de restaurant, etc.) plus facilement identifiables par le lecteur et repris dans une visée parodique ; ce collage, que Montserrat Cots appelle « interdiscursif », fait partie, comme elle le montre, des ressources humoristiques employées par Eduardo Mendoza. Une frontière se dessine, à partir de cette étude, entre les jeux d'intertextualité, qui introduisent une distance humoristique par rapport aux propos énoncés, et l'interdiscursivité, dont l'humour provient de la parodie des discours stéréotypés.

Le chapitre 7, « Frontières du paradoxe argumentatif chez A. Garréta et Lydie Salvayre » est rédigé par Anne-Marie Paillet, qui, envisageant l'ironie comme paradoxe argumentatif, propose une analyse de *Pour en finir avec le genre humain* d'Anne Garréta et du roman de Lydie Salvayre *Les Belles Âmes*, deux œuvres qui s'inscrivent, selon l'auteure, dans le genre de l'éloge paradoxal : éloge de la misère, et, inversement, blâme de la compassion et de la charité envisagées comme valeurs – ou postures – de l'occident chrétien. On peut alors tracer une frontière entre une forme directe du paradoxe, systématiquement fondé sur l'inversion argumentative dans le pamphlet de Garréta, et la déclinaison indirecte du paradoxe dans la fiction de Salvayre, s'appuyant sur des formes innovantes de polyphonie, et sur une forme d'ironie plus complexe, déstabilisante, qui joue sur le brouillage des frontières énonciatives entre divers points de vue sur la pauvreté, et n'exclut pas l'autodérision. D'autre part, la relation du discours paradoxal au référent, à ses cibles, l'*ethos* de l'énonciateur et le type de connivence sur laquelle il joue permettent à Anne-Marie Paillet de reposer le problème des frontières entre humour (noir) et ironie.

Dans le chapitre 8, David Conte Imbert propose une étude littéraire de « L'ironie comme perturbation de l'illusion romanesque » à travers deux ouvrages de la littérature espagnole contemporaine. Dans le premier, *Intrusos y huéspedes*, de Luis Magrinyà, la mauvaise foi du narrateur implique une contradiction ou un sens dévié par rapport à ses énoncés, ce qui engage une lecture qui sous-entend le contraire de ce qu'il affirme. Dans l'extrait examiné du second, *Conversación*, de Gonzalo Hidalgo Bayal, on assiste, comme le montre David Conte, au déploiement d'une « raison phonétique », qui entremêle ses florilèges baroques à un jeu verbal de nature oulipienne. L'étude de ces textes permet à Conte de conclure que les deux procédés visent à miner la construction du sens et à dévoiler l'artifice qui sous-tend la construction de l'illusion romanesque.

Le dernier chapitre, intitulé « L'humour danois confronté aux autres », porte sur l'auto-ironie danoise, que Lita Lundquist étudie dans une double perspective sociologique et linguistique. À partir de l'exemple de la réaction suscitée par les propos de Lars von Trier lors de sa conférence de presse à Cannes en mai 2011, l'auteure montre la difficulté qu'a l'humour danois à passer les frontières. Dans un deuxième temps, Lita Lundquist compare les notions d' « auto-ironie » et d'« autodérision », suggérant qu'elles pourraient correspondre à des valorisations opposées de cette pratique de l'humour sur soi, différemment admise selon les cultures en jeu, en l'occurrence la danoise, la française et l'espagnole. L'étude se conclut en ouvrant sur de nouvelles perspectives pour l'analyse comparative de l'humour, notamment à partir des résultats obtenus par les travaux sur la « gélotophobie », qui est la peur qu'on puisse rire de vous.

L'originalité de ce volume réside dans la variété des corpus auxquels se confronte la théorie, ainsi que dans l'approche contrastive et pluridisciplinaire, qui fait appel à des champs d'études complémentaires. Au-delà de la diversité des objets et des perspectives, il se dégage de ces études un certain nombre de régularités. Ainsi, des spécificités culturelles dans les corpus étudiés qui concernent surtout l'importance de l'ironie dans le contexte français, de l'autoironie dans la culture danoise et de l'outrance caricaturale (« sarcastique », selon le terme de P. Charaudeau) en Espagne ; on relève également le rôle crucial que jouent dans la production romanesque française et espagnole postmodernes la parodie, ainsi qu'une certaine distance « ironique » que ce soit vis à vis de certaines valeurs *doxales* ou à l'égard du texte lui-même.

Sur le plan théorique, on peut constater des apports confirmés dans le processus de recherche surtout en ce qui concerne l'établissement d'un cadre descriptif pour une typologie des catégories de procédés et de visées humoristiques. Les différences sur les lignes de démarcation entre ces catégories montrent la nécessité de travailler avec des notions bien définies et, en même temps, la difficulté de stabiliser ces définitions. Le chantier reste donc ouvert, car ce volume ne prétend évidemment pas résoudre tous les problèmes que pose l'analyse de l'humour. Nous espérons cependant qu'il contribuera à susciter d'autres réflexions et d'autres débats sur ces phénomènes, qui sont d'une grande complexité et, nous semble-t-il, d'un intérêt majeur pour l'interrogation des frontières discursives et culturelles.

Chapitre 1. De l'ironie à l'absurde et des catégories aux effets

Par Patrick CHARAUDEAU
Université de Paris XIII et CNRS
patrick.charaudeau@free.fr

Avant de traiter de la question des catégories descriptives, de leurs combinaisons et de leurs effets, je voudrais revenir sur les raisons pour lesquelles je défends l'idée de retenir le terme d'*humour* comme désignant la notion qui subsume les différentes catégories du processus humoristique. Autrement dit, pourquoi je lui donne le statut de catégorie générique.

J'avais déjà signalé, dans ma précédente contribution à ce travail collectif sur l'humour comparé entre France et Espagne (P. Charaudeau, 2011), que, dès lors que l'on cherche à définir des catégories et à les classer, il y faut une notion super-ordonnée qui les rassemble, contenant les traits communs à chacune des catégories spécifiques, et s'opposant ainsi à d'autres notions génériques comme le jeu, le sérieux, la poésie, etc. L'une des activités de l'analyse linguistique consiste à « taxinomiser ». Rien de plus dommageable pour la compréhension des phénomènes que l'emploi de termes ou de notions les unes pour les autres ou les unes avec les autres sans guère de distinction : les uns distinguent faiblement l'*ironie* de l'*humour* en disant que la première jouerait plus particulièrement sur l'antiphrase enclenchant le rire, la seconde sur des oppositions qui ne seraient pas antiphrastiques et pour cela n'enclenchant que le sourire (H. Morier, 1998 : 610) ; d'autres mêlent divers procédés, l'ironie constituant le cœur même de tout processus humoristique « par la mise en contact soudaine du monde quotidien avec un monde délibérément réduit à l'absurde » (R. Escarpit, 1987).

Je voudrais maintenant apporter un argument supplémentaire en faveur de cette généricité de la notion d'humour. En latin, *jocus* désignait un « jeu en paroles », autrement dit, un jeu avec les mots qui se voulait un propos non sérieux, une plaisanterie. Ce *jocus* s'opposait à *ludus* qui, lui, désignait un « jeu en actes » qui prenait forme soit dans des rituels en l'honneur des morts, soit dans des cérémonies sportives (les jeux du cirque) [1]. *Jocus* s'est finalement substitué à *ludus* avec la disparition des jeux du cirque, mais celui-ci est demeuré sous sa forme dérivée *ludique*, car *jeu* n'en avait point. Cette histoire des mots plaide, pour moi, en faveur de la raison pour laquelle il faut avoir en face de *jeu* un terme générique : *humour*. Car le *jocus*, qui à l'origine signifiait « jeu en parole », a donné *jeu* dans la langue française, mais en désignant autre chose, à savoir une activité de plaisir, gratuite, ritualisée par un ensemble de règles précises, c'est-à-dire ce qui alors correspondait à *ludus*. Or, l'humour n'est en aucune façon un rite soumis à des règles. Il est une activité de langage qui construit un univers de pensée, une proposition de pure parole d'une certaine vision du monde. *Humour* et *jeu* ne doivent pas être confondus. Ils correspondent à deux notions génériques comportant chacun diverses catégories spécifiques.

Encore une précision qui pourrait faire tomber les ultimes résistances à l'emploi du terme « humour » comme générique. J'avais donné, dans un précédent article, les raisons pour lesquelles je ne considérais pas l'humour comme un *genre*. Pour moi, un genre dépend d'un dispositif de situation communicationnelle ; or, aucune situation de communication ne prédétermine une prise de parole humoristique ; celle-ci peut surgir dans n'importe quelle situation. Certes, il est quelques situations ritualisées qui mettent en scène du discours humoristique : les « one man shows » d'humoristes, les caricatures de presse, les recueils d'histoires drôles. Mais on peut aussi bien les considérer comme des sous-genres à l'intérieur du genre spectacle, du genre journalistique, du genre édition. La parole humoristique relève d'une stratégie de discours qui consiste à transgresser l'ordre du monde, à

---

1 *Dictionnaire historique de la langue française*, Le Robert, Paris, 1992.

des fins de *critique* des normes sociales et/ou de *connivence* ludique entre locuteur et interlocuteur. Aussi parlerais-je plus volontiers d'acte humoristique ou de discours humoristique comme stratégie d'échange langagier faisant l'objet de diverses catégories.

Ayant repris, dans ma précédente contribution (P. Charaudeau, 2011), les catégories énonciatives de l'acte humoristique (ironie, sarcasme), je voudrais dans celle-ci reprendre, d'une part, les catégories dites *descriptives* et montrer comment elles se combinent avec les catégories énonciatives, d'autre part, la question des *effets* et montrer la nécessité de distinguer catégories et effets humoristiques.

1. Les catégories descriptives

Rappelons d'abord la distinction que j'ai proposée entre ces deux types de catégories. Les catégories énonciatives jouent avec ce qui est dit (explicite) et ce qui est laissé à entendre (implicite), l'*ironie* opposant l'un et l'autre, le *sarcasme* exagérant le dit (hyperbole) par rapport au non-dit. Le jeu humoristique énonciatif consiste donc pour le locuteur à mettre le destinataire dans une position où il doit découvrir le rapport entre ce qui est dit explicitement par l'énonciateur et l'intention cachée du locuteur que recouvre cet explicite. Dire à quelqu'un qui vient de rater une entreprise : « Tu as décroché la palme », c'est lui laisser entendre qu'il a échoué lamentablement (*ironie*). Dire de quelqu'un qui n'est pas d'une grande taille : « C'est un vrai nain », c'est souligner de façon exagérée sa petitesse (*sarcasme*).

Les catégories descriptives, elles, jouent, dans la mise en énoncé, entre au moins deux visions contraires du monde qu'elles mettent en conjonction par le biais de procédés linguistico-logiques, lesquels mettent en regard des *isotopies* étrangères l'une à l'autre à l'aide de termes polysémiques. Raconter que « le comble du coiffeur est de sortir de chez lui en rasant les murs », ce n'est pas laisser entendre une intention différente de ce qui est dit, c'est faire se rencontrer deux univers de discours distincts (celui des activités du coiffeur/celui du comportement des gens timides) en jouant sur la polysémie du verbe « raser ». De ce point de vue, ce qu'on appelle traditionnellement l'*ironie du sort* n'est pas, malgré l'emploi du terme ironie, un acte ironique mais la description d'un paradoxe qui fait advenir le contraire d'une conséquence logiquement attendue, à cause d'une incohérence du hasard, comme dans le titre de ce fait divers : « Il s'étrangle avec le fil de son sonotone ».

Les catégories descriptives que j'avais proposées (P. Charaudeau, 2011) – catégorisation qui ne prétend pas à l'exhaustivité – sont les suivantes, le critère de distinction étant la nature de l'*incohérence* sémantico-logique qui est établie entre deux séquences textuelles mises en conjonction :

– *L'incohérence « absurde »* met en relation deux univers de discours complètement étrangers l'un à l'autre, qui n'ont rien à voir l'un avec l'autre, chacun appartenant à un paradigme de l'expérience humaine différent, comme le dit l'exemple emblématique des surréalistes de la « rencontre fortuite d'un parapluie et d'une machine à coudre sur une table d'opération ». Il s'agit d'une conjonction *hors-sens*, sans discussion ni raisonnement possible, qui n'implique pas de jugement puisqu'on se trouve dans un monde sans liens logiques. On peut parler d'un acte humoristique qui joue la *loufoquerie*, comme dans le sketch de Raymond Devos qui raconte que son pied droit est jaloux de son pied gauche, que quand celui-ci avance, l'autre, vexé, lui passe devant, mais le premier ne veut pas être en reste et repasse devant, et ainsi successivement, ce qui fait que, lui, comme un imbécile, il marche.

– *L'incohérence « insolite »* fait se rencontrer deux univers différents, mais qui ne sont pas complètement étrangers l'un à l'autre. Ils ne sont pas *naturellement* liés l'un à l'autre mais ils sont mis en relation par un coup de force, parce qu'on pourrait leur trouver quelque chose en commun. Leur rencontre perturbe la norme sociale, mais du fait de l'existence d'un faible lien qui rend possible une explication de leur rencontre, on parlera ici de *trans-sens*. L'exemple classique en est la mécanique du rire dont parle H. Bergson : « Un passant jette un papier gras dans la rue, un autre passant marche dessus, glisse et tombe ».

On pourrait cependant se demander quelle différence il y a entre l' « *absurde* » et l' « *insolite* ». Dans le premier, il n'y a pas de lien sémantique, et la conjonction entre les deux univers est complètement *invraisemblable*. Dans le second on peut trouver un lien, même s'il semble *peu vraisemblable* (saugrenu ou incongru). Voici un exemple d'absurde complètement invraisemblable. Boris Vian, dans une de ses chroniques de Jazz raconte : « Armstrong, il peut (...) scier la colonne Vendôme avec une fourchette bleue et manger des huîtres tout nu en courant le long des Tuileries, il aura quand même gravé trois cents faces (au moins) inoubliables ». On ne voit guère la possibilité d'établir un lien entre les différents éléments qu'il décrit.

– *L'incohérence « paradoxale »* établit un rapport de *contradiction* entre les deux univers conjoints au regard d'une logique d'expérience ou de raisonnement, qui peut d'ailleurs se retourner en une logique du « pourquoi pas » ? On parlera ici de *contre-sens* (ce qui va contre le sens attendu, contre la logique), comme dans cette histoire de fou qui raconte que le directeur d'un asile, voyant que l'un de ses pensionnaires est en position de pêcheur avec une canne au bout de laquelle il y a une brosse à dent, lui demande : « Alors, mon ami, ça mord, aujourd'hui ? » Et le pensionnaire de lui répondre : « Oui, monsieur le directeur, vous êtes le troisième depuis ce matin ».

2. Les catégories descriptives combinées aux catégories énonciatives

Les catégories d'analyse ne sont pas destinées à classer de façon définitive les faits de discours. Rarement un texte, une production langagière quelconque, se caractérise par une seule catégorie, à quelques exceptions près. Ces catégories ont une valeur opératoire et permettent d'analyser les faits de langage dans leur complexité laissant la porte ouverte à diverses interprétations. Il en va de même pour les catégories humoristiques qui, la plupart du temps se combinent entre elles dans un même acte humoristique. Et donc catégories énonciatives et catégories descriptives se combinent entre elles. En voici quelques exemples.

Dans le fameux exemple cité par Freud : « Voilà une semaine qui commence bien ! » supposément prononcé par un condamné à mort au moment même où on le conduit à son issue fatale, on y trouve :

– un procédé d'*auto-ironie*, si l'on prend le point de vue du condamné lui-même. On ne peut supposer qu'il se réjouit de la perspective de sa mort, et donc l'énoncé positif qu'il émet occulte une appréciation négative dont il est la victime, et du même coup souligne l'extrême angoisse de son drame ; mais il fait le bravache ;

– un procédé d'*incohérence paradoxale,* si l'on prend un point de vue extérieur, car toute perspective de mort, selon les normes sociales, voudrait que le jugement de celui qui en est affecté soit de tristesse, d'angoisse, de peur, de lamentation, mais point de joie ;

– en outre, le fait que cet acte humoristique porte sur le thème de *la mort*, c'est en quelque sorte faire de *l'humour* noir, c'est-à-dire toucher un tabou (ce dont on ne parle pas) et en renverser la force négative dont il est porteur. Du même coup, voilà une façon, pour notre condamné, de lancer un dernier défi à la société et à la justice qui le conduit à l'échafaud.

Voici un autre exemple d'histoire drôle qui raconte la visite du Pape à une soirée caritative où il y a des femmes et des hommes du « grand monde ». On lui présente une femme riche ayant contribué généreusement à l'œuvre caritative, et qui arbore un décolleté fort prononcé dans une poitrine généreuse au milieu de laquelle pend une chaînette au bout de laquelle est accroché un crucifix. Le Pape, malicieux, tout en saluant la dame lui dit : « Madame, je croyais que le Christ était mort entre deux larrons. Je m'aperçois que c'est entre deux saints/seins ». Cette histoire met en œuvre, à la fois :

– une *homophonie* autour du mot [sẽ] créant deux isotopies : personne sanctifiée (monde du sacré)/partie du corps féminin (monde de l'*éros* et de la maternité) ;

– une *incohérence insolite* dans la mesure où la conjonction de ces deux isotopies est le résultat d'un « coup de force » dû à une homophonie, mais ce jeu peut être interprété également comme une *incohérence paradoxale* si on oppose deux « saints » à deux « larrons » ;

– on peut même y voir une *ironie* de la part du Pape qui, finalement n'appréciant guère cette ostentation signifierait implicitement : « Couvrez ce sein que je ne saurais voir », mais alors, ce Pape serait-il aussi hypocrite que le Tartuffe de Molière ?

On se reportera à la contribution de M. D. Dolores Vivero García qui, dans ce même ouvrage, donne nombre d'exemples de combinaisons de ces catégories.

3. Effets et conditions d'interprétation

3.1. Pourquoi séparer procédés et effets

Tout acte de langage, pour son énonciation et son interprétation dépend, c'est bien connu, des composantes de la situation communicationnelle dans laquelle il est produit. Dans le cas de l'énoncé humoristique, la situation se compose, comme je l'ai déjà décrit dans un précédent article de :

– l'*identité* des partenaires (qui s'adresse à qui) : homme/femme, supérieur/inférieur, amis/ennemis, etc. ;

– la *cible* qui est visée : une *personne* (individu ou groupe) dont on souligne les défauts ou les illogismes dans ses manières d'être et de faire au regard d'un jugement social de normalité (Freud ici parle de « victime ») ; une *situation* créée par les hasards de la nature ou les circonstances de la vie en société dont on souligne le caractère absurde ou dérisoire, comme cela apparaît dans certains titres de faits-divers ; une *idée*, opinion ou croyance (*doxa*), dont on montre les contradictions, voire le non-sens ;

– l'*univers de discours* mobilisé (doxa, stéréotype, imaginaire, croyance) dont certains sont marqués d'un tabou (le sacré, la maladie, la petite enfance, les vieux, les politiquement corrects de tous ordres), ce qui provoqua le scandale des caricatures de Mahomet. C'est là que peut s'exercer une véritable revanche vis-à-vis de tout ce qui serait *intouchable* (l'humour noir est iconoclaste et anarchisant) ;

– les *circonstances socio-historiques* qui font que l'humour ne peut avoir les mêmes effets selon que l'on se trouve en situation de crise sociale engendrant déprime et angoisse, ou de régime totalitaire imposant la censure.

Cette mécanique communicationnelle de l'acte humoristique confirme que les effets visés par l'humoriste ne coïncident pas nécessairement avec les effets produits chez son interlocuteur, un même procédé pouvant produire des effets différents. Il est donc nécessaire de distinguer les catégories humoristiques de leurs effets possibles et repérer des types d'effets qui peuvent être produits par la combinaison de divers procédés.

3.2. Les types d'effet

Ils dépendent, comme on vient de le dire de la combinaison des composantes de la mécanique communicationnelle (identité, situation, cible, thématique), laquelle donne à l'humoriste des instructions pour sa mise en énonciation et au récepteur des indications pour son interprétation. Ainsi, selon ces données, l'acte humoristique peut vouloir tourner en ridicule une certaine cible incitant l'interlocuteur à partager cet effet de ridicule. Il peut, à d'autres moments, avoir un effet fortement critique, voire agressif, vis-à-vis de la cible visée appelant l'interlocuteur à partager cette critique. Il peut encore chercher à faire entrer l'interlocuteur dans un jeu gratuit d'illogisme pour lui faire partager le simple plaisir du jeu. Bref, des effets visés qui cherchent à établir une *connivence* avec l'interlocuteur, la finalité de l'acte humoristique étant le partage de la transgression d'un ordre social. Je propose donc de distinguer quatre types de connivences que je nommerai : *ludique, critique, cynique et de dérision.*

3.2.1. La connivence ludique

La connivence ludique est un effet d'*enjouement* pour lui-même, qui suppose que se produise une fusion émotionnelle de l'auteur et du récepteur. Libre de tout esprit critique, l'acte humoristique serait produit et consommé dans une gratuité du jugement comme si tout était possible. La connivence ludique suppose que les interlocuteurs partagent un même regard décalé sur les bizarreries du monde et les normes du jugement social, sans qu'elle implique un quelconque engagement moral, même si, comme pour tout acte humoristique, une mise en cause des normes sociales se trouve sous-jacente. C'est un plaisir dans la gratuité et dans la fantaisie qui fait employer à Freud la notion de « sceptique ». Pierre Lefranc, gaulliste de la première heure et grand fidèle du Général avait plaisir à raconter que, arrivant dans le bureau de De Gaulle, en juin 40, après un périple inouï dont le général avait été informé, celui-ci le salua en lui disant : « Vous en aurez mis du temps pour venir ». On donnera comme autre exemple emblématique de ce type d'effet la chanson de Brassens dont on pourra lire une strophe à la fin de cet article.

3.2.2. La connivence critique

La connivence critique cherche à faire partager l'attaque d'un ordre établi en dénonçant de fausses valeurs. L'acte humoristique se convertit en *dénonciation* d'un faux-semblant de vertu qui cache des valeurs jugées négatives. Ce peut être du fait du comportement d'une personne ou d'idées dites « correctes » qui circulent dans divers groupes sociaux. Il y a toujours une mise en cause de quelque chose de moral, ce qui fait dire à Freud que l'on a affaire ici à de l' « hostilité ». L'histoire du Pape décrite plus haut fait partie de cette *connivence critique* qui finalement envoie une flèche empoisonnée aux gens de cette société bien-pensante[2]. Lionel Jospin, ancien Premier ministre, se rendant pour la première fois, depuis son échec aux Présidentielles de 2002, à une réunion du parti socialiste de sa section du 18ème arrondissement, aurait, dit-on, demandé aux participants : « Vous êtes tous membres du PS ? ». Critique évidente au regard de l'une des explications de l'échec, à savoir que les électeurs de la gauche s'étaient divisés et répartis sur divers candidats lui faisant perdre les élections.

3.2.3. La connivence cynique

La connivence cynique a un effet *destructeur*. L'acte humoristique cherche à faire partager un dénigrement des valeurs que la norme sociale considère positives et universelles. Ces valeurs qui concernent l'homme, la vie, la mort s'en trouvent *désacralisées*. De plus, le sujet humoriste affiche qu'il *assume* cette destruction des valeurs, envers et contre tous. L'acte cynique place donc l'humoriste dans une position paradoxale de *démiurge* qui s'affranchit des règles du monde, propose de s'élever contre cette fatalité de la vie qui dépasserait la volonté humaine, et l'entraîne dans un *combat solitaire*. Si l'acte humoristique est destructeur, il devient *autodestructeur* du fait que l'humoriste l'assume et que, tel Don Juan, il l'enferme dans la solitude. Mais, en même temps, il en conçoit une joie, celle de la liberté extrême qui le place au-dessus des autres. Freud parle à ce propos d' « esprit cynique ». Ici, on voit difficilement comment, l'humoriste pourrait établir une connivence. Il semble ne pas la désirer et c'est pourtant comme une sorte d'appel à ce que d'autres partagent sa posture de sujet solitaire qui se veut plus près de la vérité. Intéressante, de ce point de vue, la réflexion du journaliste Jean-François Kahn qui qualifia, sur les plateaux de télévision, l'affaire de Dominique Strauss-Kahn, de « Troussage domestique ». Peu importe ce que fut son

---

2 Il s'agit évidemment de l'histoire elle-même, et non du Pape qui sert de prétexte à l'acte humoristique.

intention, puisqu'une fois de plus effet visé et effet produit ne coïncident pas nécessairement, le fait est que cette réplique fut interprétée comme cynique par certains qui ne l'assumèrent pas, et d'autres qui la partagèrent.

3.2.4. La connivence de dérision

La connivence de dérision appelle l'interlocuteur à partager la *disqualification* qui est faite de la cible, en la rabaissant, en la faisant descendre du piédestal où elle se croit installée. D'après les dictionnaires, la « dérision » referme deux idées : celle d'*insignifiance* et de *mépris*. L'effet de dérision est donc double : il dénonce une usurpation (se croire plus que ce que l'on est) et révèle insignifiance (ce n'est pas grand-chose). L'acte humoristique cherche donc à faire partager cette insignifiance, voire ce mépris, vis-à-vis de la cible lorsque celle-ci se croit importante. C'est l'exemple de la Zazie de Raymond Queneau répliquant à ce Monsieur qui se croit très important : « Mon cul ! ». D'un seul coup, le ballon de baudruche se dégonfle sous l'effet d'une aiguille qui le troue. On peut aussi rappeler la scène du film *Le Dictateur* de Charlie Chaplin dans laquelle le dictateur – ressemblant fortement à Hitler – joue avec un énorme ballon de baudruche représentant le monde. Quant à Alice, dans son pays des Merveilles, elle s'emploie souvent à tourner la logique en dérision. On peut aussi pratiquer l'*autodérision*, lorsque se prenant soi-même comme cible, dans un acte d'humilité, on se fait descendre du piédestal sur lequel on se croyait juché. Mais, oh, paradoxe, cela est peut-être destiné à se sauver.

4. Combinaison de procédés et d'effets

Comme je l'ai dit, les procédés discursifs de l'acte humoristique sont divers et peuvent se combiner entre eux. Mais comme chaque procédé ne peut garantir à soi seul un type d'effet puisque ceux-ci dépendent de la relation de connivence qui s'instaure entre les interlocuteurs. Un même acte humoristique peut résulter de la combinaison de plusieurs procédés et produire divers effets. On pourra, une fois de plus, se reporter au travail de María Dolores Vivero García qui dans ce même ouvrage décrit de façon détaillée de nombreux cas de combinaisons entre procédés et effets, et je me contenterai, pour ma part, d'en donner un exemple avec cette chanson de Brassens intitulée : *Les funérailles d'antan.*

> Jadis, les parents des morts vous mettaient dans le bain,
> De bonne grâce, ils en f'saient profiter les copains :
> « Y'a un mort à la maison, si le cœur vous en dit,
> Venez l'pleurer [...] sur le coup de midi… »
> Mais les vivants aujourd'hui n'sont plus aussi généreux,
> Quand ils possèdent un mort, ils le gardent pour eux.
> C'est la raison pour laquelle, depuis quelques années,
> Des tas d'enterrements vous passent sous le nez. (*bis*)

Sans en faire une analyse approfondie, on peut y repérer les procédés suivants :

– de *parodie* d'un vers du poème de François Villon, « Ballade des dames du temps jadis » (1489) : « Mais où sont les neiges d'antan ? »/« Mais où sont les funérailles d'antan ? », qui souligne à la fois la fragilité du temps humain, la nostalgie du temps passé et la vanité de la puissance des hommes ;

– de *paradoxe*, dans la mesure où c'est la mort qui est célébrée et non la vie, donnant à ce phénomène une certaine beauté liée à la vie, du moins dans les enterrements d'autrefois ;

– d'*ironie* pour en arriver à valoriser la beauté du négatif (« Y a un mort à la maison, si le cœur vous en dit »), une sorte d'ironie tendre ;

– de *sarcasme* si l'on se reporte à la deuxième strophe qui décrit les enterrements de maintenant (« Maintenant les corbillards à tombeau grand ouvert/Emporte les trépassés jusqu'au diable vauvert/Les malheureux n'ont même plus le plaisir enfantin/D'voir leurs héritiers marcher dans le crottin »), en hyperbolisant le négatif.

Les *effets* sont de *critique* de la modernité, de *dérision* des temps modernes, avec l'accélération du temps qui aboutit à la démultiplication de la mort (« L'autre semain' des salauds, à cent quarante à l'heur'/Vers un cimetièr' minable emportait l'un des leurs/Quand sur un arbre en bois dur, ils se sont aplatis/On s'aperçut qu' le mort avait fait des petits »), *ludique* dans une connivence de plaisir à travers une chanson.

Conclusion

Je conclurai en revenant sur la notion générique d'humour qui est pour moi un ensemble de procédés et d'effets à l'intérieur d'une certaine mécanique communicationnelle, et je m'appuierai, pour cela, sur un article peu connu d'Émile Benveniste, publié en 1947, dans la revue philosophique *Deucalion*, et intitulé « Le jeu comme structure » (É. Benveniste, 1947). Il compare le jeu à l'humour et propose les définitions suivantes que je commenterai :

– « Nous appellerons jeu : toute activité réglée qui a sa fin en elle-même et ne vise pas à une modification utile du réel » (p. 161). C'est là une différence d'avec l'humour qui, lui, quelque part, voudrait modifier le « réel ».

– « Le fait qu'il (le jeu) est une activité qui se déploie dans le monde, mais en ignorant les conditions du 'réel', puisqu'il en fait délibérément abstraction ; le fait qu'il 'ne sert à rien' et se présente comme un ensemble de formes dont l'intentionnalité ne peut être orientée vers l'utile et qui trouvent leur fin dans leur propre accomplissement ; enfin, le caractère formel et réglé du jeu, qui doit se dérouler dans des limites et conditions rigoureuses et constitue une totalité fermée ». Tout cela s'oppose à l'humour qui, comme le jeu, a des formes dans la construction linguistique, mais qui, pour son énonciation, dépend des divers facteurs de la mécanique communicationnelle : l'humour ne peut être assimilé à un jeu avec ses règles, ses contraintes et sa gratuité.

– « Par tous ces traits, faut-il le dire, le jeu est séparé du 'réel' où le vouloir humain, asservi à l'utilité, se heurte de toutes parts à l'événement, à l'incohérence, à l'arbitraire, où rien ne va jamais à son terme prévu ni selon les règles admises, où la seule certitude que l'homme possède, celle de sa fin, lui apparaît à la fois inique et absurde ». C'est justement pour répondre à (ou lutter contre) cet asservissement à l'utilité, que l'humour libère, s'il ne répond à l'angoisse.

– « C'est donc le jeu qui détermine les joueurs, non l'inverse. Il crée ses acteurs, il leur confère place, rang, figure ; il règle leur maintien, leur apparence physique, il les fait même, selon le cas, morts ou vivants » (p. 162). Le jeu, par ses règles, s'impose donc à l'homme. Rien de tel pour l'humour qui cherche, au contraire, à s'imposer au monde.

– « [Le jeu est] une forme agonistique, consistant en une lutte pour la possession d'un objet, instrument ou symbole de victoire » (p. 163). Il y a une apparente victoire symbolique dans l'humour, mais sans chercher la possession d'un objet contre l'autre, car, au contraire, il faut partager et établir une complicité (effet de *connivence*).

– Enfin, « [Le sacré est] la conjonction du *mythe* qui énonce l'histoire et du *rite* qui la reproduit » (p. 165). En cela, l'humour est « désacralisant » car il ne correspond à aucun rite et sa proposition iconoclaste n'est que provisoire : l'instant du jeu de parole.

Chapitre 2. L'ironie : problèmes de frontière et étude de cas. Sarkozy face à Royal (2 mai 2007)

Par Catherine KERBRAT-ORECCHIONI
ICAR, Université Lumière Lyon 2
catherine.kerbrat-orecchioni@univ-lyon2.fr

Dans le cadre des recherches de notre équipe madrilène sur l'humour, je m'étais précédemment intéressée aux jeux de mots dans les titres du quotidien *Libération* et j'avais rencontré au passage quelques titres qui relevaient clairement de l'ironie (C. Kerbrat-Orecchioni, 2011a : 139-143). Pour l'étude actuelle j'ai décidé, renouant avec un intérêt ancien [1], de revenir plus spécifiquement sur le cas de l'ironie et sur certains des problèmes que pose cette figure – en particulier le problème de l'extension et des frontières du phénomène –, envisagés à partir du type de discours qui m'occupe actuellement, à savoir les débats politico-médiatiques et plus spécifiquement, le débat qui s'est déroulé le 2 mai 2007 entre les deux finalistes des élections présidentielles françaises, Nicolas Sarkozy et Ségolène Royal.

1. Aspects théoriques

1.1. Problèmes de définition

Commençons par le commencement, à savoir la définition, millénaire, de l'ironie comme « figure par laquelle on veut faire entendre le contraire de ce qu'on dit ». Ce lieu commun de la rhétorique [...]

1 Voir C. Kerbrat-Orecchioni, 1978 et 1980.

Il est permis de voir quelque ironie dans cette remarque d'A. Berrendonner (1981 : 175) ouvrant sa propre étude sur l'ironie… N'ayant personnellement aucun penchant iconoclaste, il ne me semble pourtant pas que le caractère « millénaire » d'une définition entraîne la nécessité de la rejeter. Bien au contraire, étant donné que l'ironie n'existe pas « en soi » mais que c'est une notion construite par la langue et ceux/celles qui la manipulent, il me semble que sauf à être atteint du syndrome d'Humpty Dumpty [2], on ne saurait faire bon marché de la tradition et des usages, à la fois ordinaires et savants, de ce terme tels qu'ils se trouvent cristallisés dans les définitions des dictionnaires. Je partirai donc de celle proposée dans le *Petit Robert* (1991), et qui me semble condenser l'essentiel de la spécificité de cette notion telle qu'elle a été forgée par la tradition rhétorique (Aristote, Quintilien, Dumarsais, Fontanier…) et revisitée par certains théoriciens contemporains :

> Manière de se moquer en disant le contraire de ce que l'on veut faire entendre.

Cette définition de ce que nous appellerons l'*ironie au sens strict* (ou « proprement dite ») a le mérite de bien faire apparaître les deux composantes de l'ironie (dont le problème est évidemment de savoir comment elles s'articulent), une composante pragmatique, envisageable en termes d'intention et d'effet communicatifs : l'ironie comme « manière de se moquer » ; et une composante sémantique : on se moque « en disant le contraire de ce que l'on veut faire entendre ».

2 « — Quand j'emploie un mot, dit Humpty Dumpty avec un certain mépris, il signifie ce que je veux qu'il signifie, ni plus ni moins.
— La question est de savoir si vous pouvez faire que les mots signifient tant de choses différentes.
— La question est de savoir, dit Humpty Dumpty, qui est le maître – c'est tout. » (Lewis Carroll, *De l'autre côté du miroir*, Marabout, trad. A. Bey, 1963 : 246)

1.1.1. La composante pragmatique : l'ironie comme moquerie

À la différence d'autres formes d'humour, « inoffensives » selon la terminologie de S. Freud (1971[1905]), l'ironie relève de l'esprit « tendancieux » : on ironise *contre* quelqu'un ou quelque chose, la nature de la *cible* (ou « victime » de l'ironie) pouvant être de nature extrêmement variable et entre autres, correspondre au délocuté, à l'allocutaire, ou au locuteur en cas d'auto-ironie [3] (pour d'autres possibilités liées au traitement polyphonique de l'ironie, voir *infra*, 1.3.).

L'existence d'une cible que l'on attaque en s'en moquant est une condition nécessaire de l'ironie. Mais est-ce une condition suffisante ? C'est alors que surgit le problème de l'extension à accorder au phénomène qui nous intéresse : si personne ne va jusqu'à assimiler ironie et attaque, on rencontre fréquemment des usages d'« ironiser » dans lesquels le verbe fonctionne comme un simple équivalent de « se moquer ». Ce qui n'est pas le cas dans la définition posée au départ, qui loin de recouvrir toutes les formes de moqueries (notion d'ailleurs elle-même bien difficile à définir) n'admet que celles qui reposent sur le fait de « dire le contraire de ce qu'on veut faire entendre », c'est-à-dire sur ce qu'il est d'usage d'appeler une « antiphrase » – exemples : « Très drôle ! » pour commenter ce que vient de dire l'interlocuteur et que l'on estime stupide, ou « Super ce temps ! » alors qu'il fait un temps épouvantable ; ou bien encore, s'agissant d'un énoncé non assertif mais directif : « Surtout ne m'aide pas je me débrouille très bien toute seule ! », l'antiphrase constituant une transgression apparente de la « maxime de qualité » selon Grice (ou « principe de sincérité » selon Ducrot).

---

3 Il peut même y avoir coïncidence entre le locuteur, l'allocutaire et la cible en cas de soliloque auto-ironique : « Ah c'est vraiment malin ce que j'ai fait là/ce que tu as fait là… » (car l'auto-adressage peut se faire soit en « je », soit en « tu »).

Dans les limites de cet article, il sera exclusivement question de l'ironie reposant sur une antiphrase plus ou moins caractérisée (car même ainsi restreinte, cette figure offre une palette de cas de figure relativement diversifiée). Nous reviendrons toutefois en conclusion sur le problème de l'ironie « étendue ».

1.1.2. La composante sémantique : l'ironie comme antiphrase

Si l'on appelle S le sens littéral de l'énoncé, et X son sens caché mais qui correspond en contexte au sens véritable de l'énoncé [4] (celui que le récepteur doit identifier et reconstituer, sur la base de certains indices qui peuvent être de nature interne ou externe, comme correspondant à l'intention communicative du locuteur, faute de quoi il se rendra coupable d'un « contresens »), X et S sont en cas de fonctionnement ironique en relation d'*opposition sémantique* (notion plus large que celle de « contraire » [5]).

L'antiphrase (donc l'ironie fondée sur une antiphrase) est un *trope*, c'est-à-dire un mécanisme de substitution – d'un mot à un autre (« super » au lieu d'« épouvantable ») dans une perspective onomasiologique, et d'un sens à un autre dans la perspective sémasiologique qui est ici la nôtre, ce qui suppose évidemment que l'on admette que l'adjectif « super » exprime « proprement » une évaluation positive. Parler de substitution signifie que le sens littéral est disqualifié comme correspondant à ce que veut vraiment dire le locuteur,

4 En anglais : *surface meaning* vs *intended* ou *underlying meaning* (K. Barbe, 1995 : 17). La terminologie est à cet égard fluctuante mais en tout état de cause, j'éviterai des formulations telles que sens « dit » vs « pensé » (car X comme Y sont à la fois pensés et dits), ou « sens de l'énoncé » vs « sens de l'énonciation » (car X et Y sont tous deux inscrits d'une certaine manière dans l'énoncé et actualisés par l'énonciation, même si l'action du contexte est plus importante pour le sens dérivé que pour le sens littéral).

5 Sur ce problème (relation de « contrariété » vs « contradiction » etc.), voir C. Kerbrat-Orecchioni (1980 : 118-119).

mais cela n'implique aucunement qu'il soit totalement évacué : si « C'est malin ! » était complètement équivalent à « C'est idiot », il n'y aurait pas d'effet ironique (de même, pas d'effet « poétique » de la métaphore, pas d'effet « poli » de certains tropes illocutoires, etc.).

Comme l'ironie est par essence dévalorisante, S et X sont des contenus à caractère évaluatif, chargés d'une valeur axiologique opposée (positive pour S et négative pour X) : c'est essentiellement à ce niveau-là que doit se localiser l'opposition entre les deux sens [6]. Cela admis, l'opposition entre S et X peut être plus ou moins forte et de nature variable. En particulier, l'antiphrase peut porter sur le contenu posé ou présupposé *vs* sur un simple sous-entendu (on parlera dans ce dernier cas de « connotation ironique »). Comparons ainsi les titres suivants de *Libération* :

(1) Bettencourt. Une famille formidable

(2) À demain peut-être

(3) Bonne nouvelle : plus que 2 989 800 chômeurs. Le gouvernement a annoncé une baisse de 1,2% en mars.

En (1), l'antiphrase porte sur le posé de l'assertion prédicative « cette famille est formidable » (ce titre commentant une photo de la mère et la fille exhibant le sourire de leur réconciliation).

En (2) (Une du 31 décembre 1999), l'antiphrase porte sur le sous-entendu véhiculé par « peut-être » : il se pourrait que nous ne soyons plus de ce monde demain, l'énoncé ironisant contre certains millénaristes ayant prédit que la fin du siècle serait aussi celle du monde.

Quant au titre (3), il cumule une antiphrase sur un posé (« Bonne nouvelle ») et une antiphrase sur un sous-entendu (« plus que » suggérant par son orientation argumentative que

---

6 Voir A. Berrendonner (1981 : 189 sqq.), qui parle à ce sujet de « valeur argumentative inverse », mais il s'agit en l'occurrence d'un type bien particulier de « valeur argumentative ».

ce n'est pas beaucoup). Notons qu'ici l'excessive précision numérique (chiffre quelque peu suspect d'ailleurs, car il reste miraculeusement juste en-dessous du seuil fatidique des trois millions) fonctionne comme une sorte d'« alerteur » qui nous invite à nous méfier des apparences énoncives [7], alors que dans les deux autres exemples l'identification de l'ironie repose exclusivement sur des savoirs externes.

Dans le même ordre d'idée, on peut aussi comparer ces trois extraits de *Limonov*, d'Emmanuel Carrère (Paris, P.O.L., 2011) :

> (4) [...] sous l'égide du gracieux Leonid Brejnev
>
> (5) [...] une thérapie sympathique appelée l'oukroutka
>
> (6) Connaissant, comme nous commençons à le connaître, le discernement politique de notre héros
>
> (7) Cet ancien parachutiste, héros de la guerre en Afghanistan, qui ressemble à Arnold Schwarzenegger en moins fluet.

Dans les exemples (4), (5) et (6) l'ironie est dénotée, portant sur un posé ou un présupposé. Elle se laisse déceler à la lumière d'un savoir externe, préalable dans le cas de (4) et construit par le texte lui-même en (5) (l'auteur vient de nous expliquer en quoi consiste ce qui est en fait l'une des tortures utilisées par le KGB) ainsi qu'en (6), où le segment « le discernement politique » explicite le fait que le texte lui-même peut se charger de construire progressivement le *background* nécessaire à l'interprétation que fera le lecteur de ce qui s'ensuit en puisant dans sa mémoire discursive (ainsi le cotexte se transforme-t-il au fil du texte en contexte dans lequel on va pouvoir venir prélever au coup par coup certains éléments pertinents). C'est à nouveau un savoir préalable (concernant la morphologie de Schwarzenegger) qu'il convient de mobiliser en (7), sauf que dans cet exemple S et X « vont dans le même sens », l'inversion portant exclusive-

---

7 En termes gricéens, on dira que la transgression de la deuxième maxime de quantité est ici l'indice d'une transgression de la maxime de qualité.

ment sur un sous-entendu (« en moins fluet », qui sous-entend que l'on pourrait estimer « fluet » l'ex-star du culturisme, ce qui est bien évidemment absurde, est mis pour « en plus baraqué encore »), manière implicite de suggérer ironiquement la monstruosité du personnage.

Dans tous ces exemples, il s'agit donc de dévaloriser une cible à travers un énoncé apparemment élogieux (K. Barbe définit l'ironie comme une *blame-by-praise figure*). Mais le procédé inverse (*praise-by-blame figure*) est également attesté, bien que plus rarement en français [8], par exemple dans l'emploi affectueux d'un terme en principe injurieux (« Hé ben mon salaud ! ») [9] ou dans un énoncé tel que « Elle est dure la vie hein ! » prononcé alors que l'on est en train de se prélasser sur la plage. Si l'on admet l'existence de cas d'ironie ne comportant aucune inversion sémantique (conception étendue), on conclura que l'ironie et l'antiphrase sont deux phénomènes en intersection.

Sauf exception (ironie à caractère clairement polyphonique : voir, ci-dessous, 1.3.), l'ironie fonctionne seulement dans un sens (substitution d'une expression positive à l'expression négative attendue), s'opposant à cet égard à la litote.

1.2. Ironie et litote [10] : deux figures opposées mais cumulables

Supposons que je veuille signifier indirectement (ou « tropiquement ») que ce que vient de faire ou dire mon interlocuteur est complètement stupide. Si je choisis la formulation

---

8 Il serait plus fréquent dans des langues comme l'espagnol (exemple : Carlos Gardel surnommé *El Mudo*).

9 De tels emplois (qui seraient en français, d'après P. Guiraud [1978], caractéristiques du vocabulaire amoureux) sont appelés en rhétorique « astéismes ». Certains chercheurs (par exemple P. Charaudeau, 2011 : 31-33), considèrent l'astéisme comme une variante de l'ironie, ce qui est contradictoire avec ce que l'on peut considérer comme la caractéristique majeure de l'ironie : sa visée dépréciative.

10 Voir sur cette figure l'ouvrage publié sous la direction d'A. Horak (2011).

ironique, cela donnera : « c'est (vraiment) malin ! » ; mais si je préfère la formulation litotique : « c'est pas (bien/très) malin ». Du point de vue de la réception on aura (sont notés entre guillemets l'énoncé effectivement réalisé et entre barres obliques sa signification en contexte) :

– Ironie : « c'est malin » = /c'est stupide/

Relation d'*opposition* entre S (orienté positivement) et X (orienté négativement).

– Litote : « c'est pas malin » = /c'est stupide/

S et X sont dotés de la même orientation (en l'occurrence négative), mais S est plus faible que X : la litote est une formulation *atténuée*, l'atténuation résultant, dans le cas des « litotes par négation », d'une double inversion, lexicale et syntaxique, alors que l'on a dans l'ironie une inversion simple.

La relation entre S et X et donc radicalement différente dans les deux cas, la distance entre les sens apparent et réel étant bien plus grande dans l'ironie (que l'on ne peut manquer sans commettre un véritable « contresens ») que dans la litote (dans laquelle la différence entre S et X n'est qu'une affaire de degré). Corrélativement, la visée des deux figures n'est pas de même nature : dévalorisation dans le cas de l'ironie, qui fonctionne donc en principe dans un seul sens ; atténuation du dire dans celui de la litote, qui s'applique aussi bien aux référents que l'on cherche à dévaloriser (« c'est pas malin » pour « c'est stupide ») qu'à ceux que l'on cherche à valoriser (« c'est pas bête » pour « c'est génial »). De même, la litote permet d'exprimer aussi bien la détestation (« je ne t'aime pas » pour « je te déteste ») que l'amour (« je ne te hais pas » pour « je t'aime », « je t'aime bien » pour « je t'adore »), alors que l'ironie est en principe réservée à l'expression de la détestation (« ah toi je t'adore ! »).

Dernière différence entre ces deux figures, liée aux précédentes : à la différence de l'ironie, la litote ne produit en tant que telle aucun effet humoristique particulier. Lorsqu'un tel effet surgit, c'est justement que sur l'énoncé litotique vient se greffer un sous-entendu ironique, comme dans les exemples suivants extraits d'articles de presse :

> (8) [...] or les voleurs à la tire laissent rarement leur carte de visite...

> (9) Le nombre d'adhésions ne progresse guère : 125 en 1997, 85 en 1998, 35 en 1999.

Le mécanisme est le même dans ces deux exemples : les énoncés sont d'abord des litotes (ils substituent à la forme attendue une autre forme – « rarement » pour « jamais », « guère » pour « pas du tout » – co-orientée argumentativement mais nettement plus faible). Mais sur ces formes vient se greffer un sous-entendu (« ça peut arriver » en (8) et en (9), « on pourrait considérer qu'il s'agit d'une petite progression » alors qu'il s'agit en fait d'une régression) qui correspond à une contre-vérité patente, et c'est sur ce sous-entendu que repose l'effet humoristique de ces *litotes ironiques*.

Encore faut-il se demander sur quoi repose la cocasserie d'une antiphrase. Tournons-nous pour cela, pour en finir avec ces préliminaires, vers un aspect du fonctionnement de l'ironie qui constitue sans aucun doute l'apport le plus intéressant à la réflexion récente dans ce domaine.

1.3. Le traitement polyphonique de l'ironie

Dans l'ironie telle qu'elle vient d'être définie, le locuteur (L) n'endosse pas S (sens littéral de l'énoncé) car c'est pour lui X (différent de S et même plus ou moins opposé à S) qui est vrai – mais cela implique-t-il que quelqu'un d'autre (appelons-le L0) prenne nécessairement en charge S ? C'est ce qu'admettent un certain nombre d'auteurs contemporains, formulant cette hypothèse en des termes divers : approche polyphonique et argumentative (A. Berrendonner, 1981 et O. Ducrot, 1984) ; conception « échoïque » de l'ironie comme « mention » (D. Sperber & D. Wilson, 1989) ; traitement en termes d'« univers de croyance » (R. Martin, 1992b)... L'idée commune à ces différentes approches est que tout en faisant semblant d'endosser S, L laisse entendre que ce n'est pas lui mais un autre énonciateur L0 qui prend en charge l'opinion correspondant à S ; que cette opinion est pour telle ou telle raison inacceptable et même ridicule, ce qui ridiculise du même coup cet énonciateur réel ou fictif censé y adhérer :

> L'ironie véritable est échoïque, et elle vise avant tout à ridiculiser l'opinion à laquelle elle fait écho. (D. Sperber & D. Wilson, 1989 : 361)

Il convient toutefois de distinguer à cet égard différents cas de figure, le traitement en termes de polyphonie énonciative apparaissant selon les cas comme plus ou moins approprié.

1.3.1. Écho réel d'un dire attesté : la reprise ironique

C'est de ce cas de figure, le plus incontestablement polyphonique, que relève l'exemple proposé par D. Sperber & D. Wilson (1989 : 359) et souvent repris par la suite :

> (10) *Pierre* : C'est une belle journée pour un pique-nique.
> [Ils partent en pique-nique et il pleut]
> *Marie* (sarcastiquement) [11] : Effectivement, c'est une belle journée pour un pique-nique.

Dans l'article de 1980, je parle à ce propos d'« ironie citationnelle », signalant (p. 124) que dans un tel cas « aucune contrainte ne pèse sur le sens de l'inversion sémantique » (on peut imaginer la situation inverse avec un énoncé ironique du genre « Effectivement, c'est une horrible journée pour un pique-nique »), étant donné que la cible est l'auteur des propos antérieurs (quelle qu'en soit la teneur) que les faits viennent démentir, ridiculisant du même coup leur auteur.

Autres exemples d'ironie citationnelle :

> (11) Nous sommes un groupuscule !

---

11 Notons que ces auteurs ne distinguent pas l'ironie du sarcasme.

(12) DORINE
Non, il faut qu'une fille obéisse à son père,
Voulût-il lui donner un singe pour époux. (*Le Tartuffe*, acte II, sc. 4)

En (11), un collectif de locuteurs reprend ironiquement un terme (en l'occurrence négatif) utilisé par les commentateurs hostiles au mouvement de mai 68 mais dont la situation concrète (les milliers de manifestants défilant dans les rues) dénonce clairement l'ineptie [12]. En (12), avec l'énoncé « il faut qu'une fille obéisse à son père », Dorine reprend ironiquement les propos de Mariane qu'elle tourne en dérision à l'aide de la technique du raisonnement par l'absurde [13].

Lorsque l'énonciateur cité ironiquement coïncide avec l'interlocuteur, comme c'est le cas en (10) et (12), on parlera plus précisément d'ironie *dialogique*.

Un cas particulier d'ironie dialogique est celui où au lieu de reprendre les propos antérieurs de l'interlocuteur pour les tourner en dérision, le locuteur lui « souffle » un énoncé qu'il n'a pas dit mais qu'il pourrait ou devrait dire, en s'exprimant *à sa place*. Tous les cas de « soufflage » ne relèvent évidemment pas de l'ironie, encore faut-il que cette opération s'accompagne d'une critique de celui dont on se fait en quelque sorte le porte-parole. Par exemple lors du passage d'une porte battante, si A tient la porte à B qui ne remercie pas, A pourra énoncer un *Merci !* qu'il ne prend évidemment pas à son compte (puisqu'il est en position de bienfaiteur et non de bénéficiaire) : il est locuteur mais c'est B l'énonciateur du remerciement en même temps que la cible de l'ironie de A (attaqué parce qu'il a eu tort, non de dire quelque chose, mais de ne pas l'avoir dit).

---

12 On pourrait rapprocher cet emploi du mot *groupuscule* de celui de *salope* dans le fameux « Manifeste des 343 salopes » paru dans le *Nouvel Obs* en 1971.

13 Il s'agit en fait dans cette scène d'une ironie « filée » : Dorine exploite le procédé du vers 615 au vers 675 (« Non, vous serez, ma foi ! tartuffiée »).

Cette même situation peut donner lieu à un autre type de remerciement ironique, mais dont le fonctionnement est tout différent. Il s'agit du cas où B précédant A lui envoie la porte dans la figure, se rendant cette fois coupable non d'ingratitude mais de grossièreté envers A. Si celui-ci réagit par *Merci !*, la formule voudra dire en fait « Je ne te remercie pas » et même « Je réalise un acte de langage qui est un anti-remerciement » (le mot n'existe pas pour désigner ce type d'acte de langage, pas plus que n'existent des « formules d'impolitesse » : pour suppléer à ce manque on peut toutefois recourir à l'expédient consistant à détourner de sa valeur propre une formule de politesse et à l'utiliser de façon manifestement antiphrastique). Dans un tel cas on voit mal comment le traitement polyphonique de l'ironie est possible (sauf à imaginer un énonciateur masochiste qui remercierait sincèrement son bourreau, et donc une double cible, l'une bien réelle et l'autre imaginaire). Avant d'en venir à d'autres exemples similaires, envisageons un cas en quelque sorte intermédiaire où ce traitement est possible sans que l'on puisse pour autant imputer à un énonciateur précisément identifiable l'énoncé ironique pris « à la lettre ».

1.3.2. Écho supposé

À propos de cet autre exemple :

> (13) Pierre est très cultivé. Il a même entendu parler de Shakespeare.

D. Sperber & D. Wilson (1989 : 363) déclarent que « l'ironie tomberait à plat s'il n'y avait aucune raison d'attribuer à Pierre lui-même ou à quelqu'un d'autre la pensée que Pierre est très cultivé : dans ce cas, il n'y aurait personne à qui faire écho ». Le raisonnement repose sur une pétition de principe : pour qu'il y ait « ironie véritable » il faut nécessairement qu'il y ait « quelqu'un à qui faire écho » ; donc « Pierre est très cultivé » ne peut que faire écho à l'opinion d'une personne estimant le plus sérieusement du monde que Pierre est cultivé étant donné qu'il a entendu parler de Shakespeare, et c'est cette personne supposée (Pierre lui-même et/ou quelqu'un d'autre) qui est la cible de l'ironie. Cette interprétation est en effet possible, mais en dehors de certains facteurs contextuels particuliers qui la favorisent on ne peut pas dire qu'elle s'impose véritablement. On peut en faire l'économie en considérant que l'absurdité du raisonnement suffit à teinter d'ironie l'attaque contre Pierre, l'antiphrase affectant d'abord ce qu'implique la deuxième phrase, à savoir « Shakespeare est un auteur peu connu » (sous-entendu lié à l'emploi de « même ») et donc « le fait que quelqu'un ait entendu parler de Shakespeare est une preuve incontestable de l'étendue de sa culture » ; et par un effet rétroactif, le contenu posé de la première phrase « Pierre est très cultivé ». Nombreux sont les cas où l'on peut hésiter entre les deux traitements, par exemple dans des énoncés qui attaquent de façon antiphrastique le comportement de l'interlocuteur, tels que :

> (14) Très drôle ! Bravo ! C'est malin ! C'est réussi ! C'est gagné !

Ces énoncés relèveront de l'« écho supposé » si l'on admet qu'ils signifient quelque chose comme « Tu te crois drôle/malin etc., mais tu ne l'es pas ». Mais si rien ne vient favoriser cette interprétation, ils relèveront du cas de figure suivant (la cible étant ici la même dans les deux interprétations, puisque L0 coïncide avec le responsable de l'état de choses dénoncé).

1.3.3. Cas rebelles au traitement polyphonique

Revenons à l'exemple tant rebattu de la jérémiade contre le mauvais temps, et supposons cette fois que l'énoncé :

> (15) Super ce temps !

soit prononcé sans aucunement faire écho à quelque dire antérieur.

On peut certes toujours imaginer un énonciateur Lo qui affirmerait sérieusement que le temps est super alors qu'il pleut et qu'il vente, et contre lequel L décocherait les flèches de son ironie. Mais il faut reconnaître qu'un tel traitement est ici (et dans tous les cas similaires, qui sont légion dans la conversation quotidienne) quelque peu artificiel et tiré par les cheveux, comme l'estime également R. Martin (1992b : 254) à propos d'un énoncé tel que :

(16) Alors ça, c'est agréable !

prononcé par quelqu'un qui vient de se fouler la cheville dans l'escalier. Plutôt que d'envisager un quelconque énonciateur doté d'un optimisme béat, qui considèrerait que c'est finalement agréable de se fouler la cheville en partant au boulot (ou en vacances) et qui serait pris pour cible par le locuteur, il faut admettre que « la cible de la raillerie », c'est bien plutôt « la réalité elle-même » (et celui qui en est responsable : le Ciel, le destin, le sort qui s'acharne sur sa victime...) [14].

1.4. Bilan

En dépit de leur diversité, tous les cas d'ironie précédemment envisagés (dans la mesure où ils se conforment à la définition du phénomène *stricto sensu*) partagent les deux propriétés suivantes qui sont toutes deux nécessaires à la genèse de l'effet ironique :

– Le locuteur produit un énoncé dont il est patent qu'il ne prend pas à sa charge le contenu apparent S, et même qu'il adhère plutôt au contenu opposé X ;

– Cet énoncé s'en prend à une « cible » dont il se moque.

Reste la question de savoir comment s'articulent ces deux propriétés et en particulier, en quoi le fait de dire le contraire

---

14 Il y aurait tout de même dans de tels cas, d'après D. Sperber & D. Wilson, un phénomène d'écho, mais d'« écho à des espoirs déçus », ce qui n'a plus grand chose à voir avec de la polyphonie.

de ce qu'on veut faire entendre peut constituer une manière de se moquer, cf. R. Martin (1992b : 252) :

> En quoi une inversion de sens, que l'interlocuteur doit être en mesure de rétablir, peut-elle avoir pour effet la moquerie ?

Dans l'hypothèse de l'ironie comme mention, l'effet de moquerie repose sur le fait que le contenu rejeté (celui qui correspond à S) est imputé à un énonciateur réel ou supposé, de ce fait ridiculisé :

> La configuration énonciative des énoncés ironiques doit être telle que le locuteur nous *montre* quelqu'un en train de concevoir un contenu absurde. (M. Carel, 2011 : 73)

> L'intention railleuse vise celui qui dit/a dit, pense/a pensé que *p.* (R. Martin, 1992b : 258)

Dans ce traitement se trouvent dissociés non seulement deux niveaux sémantiques (S et X) s'attachant à l'énoncé mais aussi deux énonciateurs (L_0 et L) prenant respectivement en charge ces deux niveaux [15]. Notons que le traitement de l'ironie comme mention vient compléter le traitement par antiphrase sans s'y substituer (tous les échos ne sont pas ironiques…) : il enrichit la description sémantique d'une dimension énonciative. D'autre part, si ce traitement s'impose dans certains cas il ne semble pas généralisable sans artifice à la totalité des cas incontestables d'ironie.

Lorsqu'il semble difficile d'admettre l'existence d'un énonciateur distinct du locuteur, l'effet ironique repose toujours sur le décalage entre S et X mais selon un mécanisme différent : S correspond non à une opinion présentée comme erronée ou absurde, mais à un état de choses présenté comme idéal mais « contrefactuel » (pour reprendre le terme utilisé par R. Martin), l'évocation de l'état de choses positif imaginaire venant accentuer le caractère négatif de l'état de

15 La première dissociation n'implique pas forcément la seconde : dans la métaphore ou la métonymie, il n'est pas d'usage d'imputer à un énonciateur distinct du locuteur le sens propre invalidé par le contexte.

choses réel, et c'est ce qui déclenche le courroux du locuteur (lequel se nourrit, dans l'exemple (15), de la représentation d'un temps qui serait vraiment « super » : on comprend que dans ce cas de figure, l'état de choses correspondant à S soit nécessairement positif, alors qu'il n'a pas d'orientation axiologique déterminée dans l'ironie citationnelle).

L'ironie oscille entre ces deux pôles : d'un côté on s'en prend à une opinion ou un dire présentés comme aberrants, la cible étant le responsable de ce dire ou de cette opinion ; de l'autre on s'en prend à un état de choses qui confronté à l'état de choses idéal apparaît comme plus ou moins scandaleux, la cible étant cet état de choses lui-même ainsi que le responsable réel ou supposé de cet état de choses. Certains faits d'ironie relèvent clairement de l'un ou l'autre de ces deux traitements mais d'autres sont nettement plus ambigus, pouvant donner lieu à plusieurs descriptions qui ne sont pas forcément exclusives l'une de l'autre.

2. L'ironie dans le débat Royal-Sarkozy

Pour mettre à l'épreuve ces considérations sur l'ironie, je reprendrai un corpus que j'ai eu précédemment l'occasion de décrire sous d'autres angles (expression de l'accord et du désaccord, expression des émotions en relation avec l'argumentation, politesse et impolitesse…), à savoir le débat de l'entre-deux-tours des élections présidentielles qui vit s'affronter, le 2 mai 2007, Ségolène Royal et Nicolas Sarkozy. Le genre « débat présidentiel » étant un genre à la fois polémique et « sérieux », on peut penser qu'il ne constitue pas un cadre très favorable au déploiement des diverses formes de l'humour. Et de fait, le débat de 2007 se présente surtout comme une succession d'attaques alternées et de mises en cause mutuelles, qui peuvent être brutales (« faux faux faux ! ») ou adoucies (« excusez-moi mais ce n'est pas exact »), mais qui sont dans leur grande majorité exprimées « au premier degré ».

Toutefois, il arrive que l'un des débatteurs (il s'agit presque toujours de Sarkozy, sur qui sera donc focalisée l'analyse) abandonne le registre sérieux pour adopter une posture ironique, la cible de cette ironie coïncidant très généralement avec l'interlocuteur (en l'occurrence interlocutrice). On peut ainsi repérer une trentaine de segments, généralement assez brefs, qui relèvent de l'ironie telle qu'elle vient d'être définie. Ils se répartissent en différents cas de figure qui seront illustrés par un certain nombre d'exemples, une attention particulière étant portée aux indices et marqueurs de l'ironie (entre autres non verbaux, quand il y en a et sont accessibles à l'écran), à la réaction éventuelle de la cible, ainsi qu'aux valeurs interactionnelles du procédé, qui seront évoquées en conclusion.

2.1. Antiphrase caractérisée

(17)
NS: vous avez une capacité à ne pas répondre aux questions
qui est [tout à fait remarquable
SR: [si parce que je connais bien les sujets dont je parle

L'antiphrase affecte l'adjectif « remarquable » (dont on peut admettre que le sens propre est marqué positivement), renforcé par l'adverbe « tout à fait » (l'hyperbole venant confirmer la valeur ironique de l'énoncé, ainsi que le hochement de tête qui l'accompagne). Curieusement, SR produit un enchaînement sur la base d'une réécriture de l'énoncé précédent, laquelle gomme l'antiphrase qu'il comporte : le morphème « si » ne peut réfuter qu'un énoncé négatif du type « vous ne répondez pas aux questions ».

L'exemple suivant illustre une autre stratégie mise en œuvre par SR pour éluder l'ironie :

(18)
NS: ah c'est d'une précision bouleversante\
SR: oui parfaitement

Indice de l'antiphrase : le caractère assez inattendu de l'adjectif affectif accolé au substantif « imprécision », qui fonctionne comme une sorte d'« alerteur » – attention, ne pas prendre l'énoncé « au pied de la lettre » ! Or c'est ce que fait justement SR, qui enchaîne par l'expression d'un accord portant non sur X mais sur S : SR « littéralise » l'énoncé, ce qui ne résulte évidemment pas d'un contresens de sa part (elle sait fort bien que c'est non-S, à savoir « ce que vous dites est extrêmement imprécis », que son adversaire cherche à faire entendre), mais d'un retournement qui remet en quelque sorte l'énoncé à l'endroit. Son accord est en réalité un faux accord, dans lequel « parfaitement » reçoit, comme il est fréquent, une connotation ironique (« vous ne croyez pas si bien dire ! »). On retrouve le même adverbe et la même stratégie de SR dans l'exemple suivant, où Sarkozy accueille par un « ah oui » ironique le « parfaitement » de Royal, laquelle reprend alors au complet, en le faisant suivre d'une justification, l'énoncé sarkozien (reprise sérieuse d'un énoncé ironique, le procédé étant en quelque sorte inverse du procédé de « reprise ironique [d'un énoncé sérieux] » envisagé en 1.3.1 et également attesté dans le corpus, voir *infra* ex. (22)) :

(19)
NS: ben avec ça <u>on est tranquilles pour l'équilibre de nos régimes de retraites</u>
((*balancement de la tête de droite à gauche*))
SR: <u>parfaitement</u>
NS: <u>ah oui</u>
SR: <u>on est tranquilles pour l'équilibre de nos régimes de retraite parce que</u> moi (.) au moins (.) j'ai une recette

Deux exemples encore d'antiphrases claires et clairement ironiques :

(20)
SR: il y a des colères que j'aurai même quand je serai présidente de la République
NS: <u>eh ben ça sera gai</u> (.) <u>ça sera gai</u>

(21)
SR: mais vous ferez un débat avec François Hollande quand vous le v- quand vous [le souhaiterez (.) voilà
NS: [ah bon (.) vous n'êtes pas concernée (.) ça ne vous engage pas
SR: non
NS: très bien (.) ah ben i sera content de l'apprendre (.) et je (serai) (.) j'aurai au moins facilité cette part (.) de du dia- dialogue

Notons que les réactions de SR valident l'interprétation consistant à considérer les énoncés de NS comme faisant ironiquement écho à ce qu'il suppose être l'opinion de l'adversaire, mais la « mention » est plus ou moins nette selon les cas. Elle est évidente au début de (21) : « ah bon vous n'êtes pas concernée, ça ne vous engage pas » signifie de toute évidence « vous considérez (à tort) que vous n'êtes pas concernée », mais il s'agit d'un « écho supposé », à la différence de l'exemple (22) présenté dans la section suivante en 2.2.1. – c'est le seul cas de véritable reprise ironique que nous ayons trouvé dans le corpus, qui offre également quelques cas de dialogisme de type « soufflage ironique ».

2.2. Ironie dialogique

2.2.1. Reprise ironique

(22)
SR: mais écoutez vous plaisantez (.) vous plaisantez euh vous plaisantez enfin tous les fonds publics tout se tient (.) [dans ces fonds publics
NS :[(ah) tout se tient parce que vous [pensez que c'est vous
SR : [parfaitement

exemple où l'on retrouve ce « parfaitement » décidément cher à Ségolène Royal.

2.2.2. Parler à la place de l'autre

(23)
SR: voilà merci Medef

Ce « merci » est de même nature que le premier des deux remerciements envisagés en 1.3.1. car il signifie en réalité : « vous – mais surtout pas moi ! – pouvez remercier le Medef car il est à votre solde » (pour le contexte de cet énoncé, voir ci-dessous, exemple (36)).

Le deuxième exemple est plus subtil : l'ironie repose sur l'emploi du comparatif « pire », qui signifie ici (il s'agit du bouclier fiscal, que la gauche préconise de fixer à 60% des revenus imposables) « pire pour vous (alors que pour moi c'est mieux) », et même « vous allez dire que c'est pire », ce que fait d'ailleurs aussitôt Royal :

(24)
NS: madame non (.) parce que moi je propose c'est pire (.) je propose [à 50% (.) voilà (.) comme ça vous êtes contente
SR : [oui c'est pire (.) vous a- vous avez raison tout est possible même le pire

2.3. Quelques cas particuliers

Les trois cas qui vont être envisagés pour terminer sont relativement bien représentés dans le corpus, mais ils correspondent plutôt à des cas de *connotation ironique*.

2.3.1. Emploi ironique des régulateurs

Ces outils interactionnels sont formés à partir d'éléments de base tels que *ah, bon, d'accord, très bien, ah oui,* qui peuvent entrer dans diverses combinaisons. Leur fonction principale est d'« accuser réception » de ce que vient de dire le locuteur, mais ils ont par ailleurs tendance à suggérer, sauf indication contraire, un accord sur le contenu, et c'est à ce niveau que peut intervenir l'antiphrase, donc l'ironie. On peut en relever une vingtaine d'occurrences dans le discours de NS (dont ce « ah ben ça alors » où la valeur ironique est quasiment lexicalisée), contre deux emplois seulement dus à SR :

(25)
NS: madame très bien/ mais alors expliquez-nous pourquoi le groupe socialiste a pas voté les créations/ (.) de la loi de programmation de 2002\
SR: parce que ça n'était pas suffisant
[sans doute\et et qu'en particulier [...]
NS: [ah b- ah d'accord parce qu- ah bon ah bon d'accord
((*petit sourire narquois*))

(26)
SR: ce n'est pas l'État qui le décidera\ [...] [car aujourd'hui
qu'est-ce qui se passe
NS: [ah ben ça alors
((*yeux écarquillés*))

2.3.2. Litotes ironiques

(27)
NS: [...] je ne sache pas qu'à l'époque (.) la France était (.) sous-administrée (.) la France a créé un million d'emplois publics depuis 1980

(28)
NS: madame Royal si vous permettez la précision (.) n'est pas inutile dans [le débat public
SR : [tout à fait

(29)
NS: il est pas anormal que le président de la République ait une idée de comment on finance les retraites (.) c'est quand même pas quelque chose d'atroce

Ces énoncés sont avant tout des litotes, les séquences soulignées signifiant respectivement que la France était à l'époque plutôt sur-administrée, que la précision est indispensable dans le débat public, et qu'il est plus que normal que le président de la République ait une idée de la façon de financer les retraites (idée exprimée en (29) par deux litotes successives, la deuxième se signalant par un usage quelque peu décalé de l'adjectif « atroce »).

Mais ils se chargent en outre d'une connotation ironique, liée dans le premier exemple à l'expression archaïsante « je ne sache pas que » et dans les deux autres, au fonctionnement polyphonique de la négation qui invite, comme l'a bien montré O. Ducrot, à se représenter l'état de choses nié, qui est en l'occurrence absurde – la cible de l'ironie étant ceux qui pourraient penser, comme le fait Royal d'après Sarkozy, que la précision est inutile dans un tel débat, et qu'il est normal qu'un président de la République n'ait aucune idée sur les financement des retraites.

Deux exemples encore de litotes ironiques un peu particulières :

(30)
NS: [...] madame Royal disait la veille du premier tour que Bayrou c'était pire que Sarkozy (.) pardon: sic (.) quand on sait ce qu'elle pense de moi (.) ça met pas haut (.) l'estime (.) pour monsieur/ (.) Bayrou

L'idée que Royal méprise encore plus Bayrou qu'elle ne le méprise lui, Sarkozy, est exprimée de façon à la fois litotique et ironique, l'ironie étant marquée par la mimique (balancement répété de la tête) et par le *sic*, marqueur lexicalisé d'ironie citationnelle : ce n'est pas moi qui le dis c'est elle, elle ose de telles énormités que je me vois contraint de m'en excuser auprès de sa victime (François Bayrou) et des auditeurs… Dans le dernier exemple la litote comme l'ironie reposent sur l'adverbe « peut-être », qui signifie ici « bien sûr » dans la perspective du locuteur et de tout être normalement constitué (toute question « sincère » ayant pour visée illocutoire d'obtenir une réponse) ; mais qui suggère en même temps que ce n'est pas si sûr dans le cas de Royal, accusée de ne poser que de « fausses questions », et de monologuer au lieu de débattre :

(31)
NS: voulez-vous que je vous réponde tout de suite/
SR: non non je v- je pose simplement la [question parce qu'on ne peut pas à la fois
NS: [mais (.) peut-être

que vous posez la question pour entendre la réponse
((*petit sourire*))

2.3.3. *Emploi ironique d'une formule de politesse*

Une des caractéristiques du comportement de Sarkozy dans le débat de 2007 est l'utilisation profuse de toutes sortes de procédés relevant en principe de la politesse [16], mais qui dans l'usage particulier qu'en fait le candidat se teinte souvent d'ironie dans la mesure où d'une part, cette politesse apparaît comme insincère par son excès même ou sa non-pertinence contextuelle et d'autre part, elle sert surtout à pointer quelque défaut de l'adversaire, par exemple sa tendance à monopoliser la parole en faisant bon marché des règles de l'alternance des tours :

(32)
SR: vous permettez que je vous interrompe
NS: bien sûr madame

(33)
NS: madame est-ce que est-ce que vous souffrez que je puisse faire une phrase

En (32), NS accède fort courtoisement à la requête formulée par sa partenaire ; en (33), il exprime cette même requête en des termes que l'on peut dire « hyperpolis » — trop polis pour être honnêtes…

De même, les excuses apparaissent le plus souvent comme de pseudo-excuses étant donné qu'elles font suite à de pseudo-offenses :

(34)
SR : vous faites semblant de ne pas [comprendre
NS : [(eh ben) excusez-moi ((*hochement de tête*))

16 Voir par exemple C. Kerbrat-Orecchioni (2011b).

et les remerciements apparaissent comme de pseudo-remerciements étant donné qu'ils réagissent à de pseudo-cadeaux :

(35)
NS : ah ben comme je l'ai fait alors on est d'accord donc
SR : oui (.) sur le cas par cas [on est d'accord sauf/ qu'il ne faut pas&
NS : [ah bon alors très bien
SR : &comme vous l'avez [fait (peut-être) (.) sauf qu'il ne faut pas
NS : [je vous remercie de ce statis- de ce satisfecit

Pour clore cet inventaire d'exemples, nous citerons une séquence un peu longue permettant d'illustrer la diversité des procédés ironiques auxquels recourent nos deux candidats dans ce débat. Les premiers segments soulignés relèvent de formes « étendues » de l'ironie (aucune antiphrase à proprement parler), qui sont maniées alternativement par Royal et par Sarkozy mais avec des tonalités différentes (de façon toute impressionniste, on dira que l'ironie de SR est plus « grinçante » et celle de NS plus « narquoise »). Puis on rencontre deux emplois de « merci » qui sont également ironiques, mais selon des modalités bien différentes, le premier relevant de cette hyperpolitesse dont il vient d'être question alors que le second (« merci Medef ») relève de l'ironie dialogique (exemple (23) mentionné en 2.2.4.) :

(36)
NS: [...] le (.) travail (.) des uns/ (.) crée le/ (.) travail/ (.) des autres\ (.) c'est pourquoi\ (.) l'institut Rexecode\ (.) organisme parfaitement indépendant (.) a noté nos projets économiques (.) qu'est-ce qu'il a dit\
SR: oui on connaît la musique c'est l'or- ((*rire*)) c'est c'est l'organisme du Medef [...] c'est l'organisme du [Medef est-ce vrai ou pas
NS: [non (mais eh bien) pas du tout (.) c'est faux [...] son président (.) a été nommé (.) par Lionel Jospin lui-même (.) dans le conseil des experts qui entouraient l'premier

ministre d'alors alors vous voyez (.) c'est pas gentil pour monsieur Jospin\ qu'est-ce qu'il a dit l'institut Rexecode\ (.) que votre projet (.) [de 35 heures

SR: [entraînait un point et demi de croissance en moins [c'est ça

NS: [oui oui c'est c'est c'est ça (.)

SR: voilà c'est bien l'organisme du Medef monsieur Juppé nous a servi (.) cet argument régulièrement ((*rire*)) (non mais) allez-y continuez continuez: continuez [(.) oui continuez

NS: [merci de de m'autoriser merci d'm'autoriser/ (.) et que (.) mon projet (.) créait (.) deux cent (.) trente mille (.) emplois (.) de plus\ (.) [qu'est-ce qu'on va faire

SR: [voilà merci Medef (.)

NS: mais madame pourquoi (.) pourquoi toute personne\ (.) qui n'a pas votre opinion:/ (.) vous l'regardez avec ironie voire avec mépri:s\

3. Éléments de conclusion

3.1. Problème de l'extension du phénomène et de ses frontières

L'exemple précédent m'a amenée à évoquer certains emplois « étendus » du terme d'ironie. En effet, lorsque pour engager cette étude j'ai commencé par traquer dans le corpus les segments dont mon intuition me disait qu'ils relevaient plus ou moins de l'ironie, je me suis trouvée face à un inventaire d'exemples bien plus fourni que celui que j'ai finalement retenu, et pour lequel je n'ai conservé que les cas qui me semblaient les plus incontestables, c'est-à-dire qui présentaient les deux propriétés proprement définitionnelles du phénomène, à savoir l'*inversion sémantique* et la *visée dévalorisante*. Mais si l'on regarde l'ensemble des emplois qui sont faits (par les « profanes » mais aussi par les spécialistes) des termes « ironie » et « ironiser », on constate qu'ils débordent largement cette définition, et que l'extension de la notion peut se faire dans deux directions :

– en suspendant le trait concernant la visée, par exemple en intégrant dans l'ironie l'inversion inverse (qui prend le plus souvent la forme de l'astéisme, dont la visée est non agressive mais au contraire affectueuse) ;

– en suspendant le trait concernant l'inversion sémantique : le cas est infiniment plus fréquent. C'est ainsi que l'on va parler d'ironie à propos d'emplois où l'on constate bien un certain décalage entre S et X, mais qui ne va pas jusqu'à l'inversion d'orientation axiologique ; par exemple à propos d'un énoncé tel que :

(37) Je suis un génie !

dont on dira qu'il est « auto-ironique » (sauf à admettre une transgression éhontée de la « loi de modestie »), et cela même s'il s'agit non d'une antiphrase mais d'une simple hyperbole, l'effet d'ironie reposant ici clairement sur un fonctionnement « en mention » (L se moque d'un double imaginaire qui serait ridiculement vaniteux).

Plus embarrassant est le fait que l'on parle souvent d'ironie même en l'absence de tout décalage entre le sens apparent et réel. Or on ne peut se contenter d'écarter comme étant « abusif » un tel usage, qui est d'ailleurs cautionné par de nombreux spécialistes et « autorités » en la matière, K. Barbe considérant par exemple (1995 : 59) que si l'ironie implique généralement « some kind of substitution », il existe aussi des cas de *literal ironies* : l'énoncé ne présente aucun décalage sémantique mais il est porteur d'un *additional message,* dont la nature reste d'ailleurs assez mystérieuse.

Ce problème, je l'avais déjà rencontré en étudiant les titres de *Libération* : si l'effet ironique reposait souvent sur une antiphrase, dans d'autres cas il s'expliquait par le fait que l'énoncé évoquait très littéralement une réalité *paradoxale*, comme dans « Vive le pétrole cher » ou d'autres énoncés qui pouvaient être glosés par des formules telles que « c'est un comble » ou « c'est le monde à l'envers » (C. Kerbrat-Orecchioni, 2011a : 141-143). Paradoxe aussi dans cet exemple fourni par R. Martin (1992b : 255) :

(38) Nos amis sont toujours là quand ils ont besoin de nous.

D'après R. Martin un tel énoncé, « bien qu'il soit un énoncé de réalité et non pas un énoncé en mention est cependant un énoncé ironique », l'ironie (amère) reposant sur le fait que « le locuteur laisse entendre que normalement on s'attendrait à tout autre chose, que nos amis soient là quand nous avons besoin d'eux », cette réalité « endoxale » étant même cristallisée dans l'aphorisme correspondant, auquel (38) fait bien évidemment écho. Mais on ne saurait considérer pour autant que l'énoncé fonctionne « en mention » : la cible, ce sont les « amis » en question, et non un énonciateur supposé qui prononcerait (38) sérieusement, puisque le locuteur prend lui-même en charge le sens littéral de l'énoncé. Aucun dédoublement énonciatif ni décalage sémantique ici : l'ironie doit être portée au compte non de la formulation mais de la réalité elle-même – le cas extrême d'« ironie littérale » étant représenté par ce que l'on appelle communément « l'ironie du sort » ou « l'ironie de l'histoire » (ironie qu'illustre par exemple le destin de cette tante Noémie dont Daniel Pennac nous dit que « craignant la cécité, elle s'entraînait à marcher les yeux fermés. Quand elle devint aveugle, elle ne pouvait plus marcher. » [17]).

Plus douteux nous semble cet autre exemple d'« énoncé de réalité à effet ironique » cité par R. Martin (1992b : 256), reprenant le mot d'un critique à propos d'un téléfilm policier intitulé *La tenaille* :

> (39) Disons-le tout de suite, ce qui vous tenaille le plus là-dedans, c'est l'ennui…

Si l'on voit bien en quoi consiste ici le jeu de mots (et sa cible), on voit moins bien en quoi ce trait d'« esprit tendancieux » relève de l'ironie : un tel exemple se situe pour nous en dehors des frontières du phénomène qui nous occupe.

17 *Journal d'un corps*, Paris, Gallimard, 2012 : 265. Comme exemples prototypiques de situations ironiques on mentionne souvent le cas de l'arroseur arrosé (variante : le voleur volé).

Force est toutefois de reconnaître que la majorité des emplois d'« ironie » et « ironiser » que l'on rencontre au quotidien sont de ce type, se rapportant à des énoncés qui se contentent d'attaquer une cible en des termes plus ou moins drôles ou « spirituels »[18].

Pour poursuivre la réflexion sur ces frontières, on pourrait regarder aussi tous les exemples du corpus sarkozien que nous avons laissés de côté car ils ne relevaient pas de l'ironie « prototypique », tout en produisant, nous semblait-il (mais il faudrait évidemment confronter les intuitions…), un certain « effet ironique ». Laissant cela pour une étude ultérieure, on se contentera de souligner que les problèmes sur lesquels achoppe toujours la réflexion sur l'ironie, en dépit de la profusion des études auxquelles elle a donné lieu, sont de deux ordres :

– d'un côté, problème des limites externes de la notion : jusqu'où peut-on l'étendre sans la distendre, et mettre en péril sa spécificité au sein de l'ensemble des énoncés humoristiques (si tant est que l'ironie soit à considérer comme une forme particulière de l'humour[19]) ? L'ironie recouvre-t-elle tous les cas de moquerie, raillerie, mise en boîte, persiflage, etc., ou certains d'entre eux seulement ? Est-il possible de construire une définition unifiée du phénomène, englobant les

18 Si l'on cherche par exemple sur Internet des déclarations de candidats à la présidentielle de 2012 qui sont qualifiées d'ironiques, on trouvera des choses comme « Hollande s'époumone, lui qui a été si calme, si réservé depuis cinq ans » (Nicolas Sarkozy) ; « Ils sont comme les moutons qui changent de pâturage selon les saisons, la transhumance on connaît ça dans les Pyrénées » (François Bayrou, sur les ralliements de dernière minute à François Hollande).

19 On sait que telle est la position de P. Charaudeau. Mais O. Ducrot propose tout au contraire de « définir l'humour comme une forme d'ironie qui ne prend personne à partie » (1984 : 213), et l'on peut aussi relever de nombreux emplois où l'humour et l'ironie sont radicalement opposés, ou au contraire plus ou moins assimilés l'un à l'autre. En fait, le couple notionnel « humour/ironie » est de nature à illustrer les quatre relations sémantiques fondamentales pouvant exister entre deux items lexicaux : hypéro/hyponymie, hypo/hypéronymie, antonymie, et synonymie. C'est dire combien peut être flou l'usage de ces termes.

divers cas d'ironie généralement admis comme tels (ironie antiphrastique, citationnelle, référentielle…) ?

– de l'autre, problème des distinctions internes à la catégorie : outre les sous-classes précédemment évoquées, qu'est-ce que l'ironie légère ou amère, caustique ou sarcastique [20], douce ou cinglante, voire cruelle… ? Certes, ces épithètes (dont la liste est loin d'être exhaustive) relèvent d'un usage « ordinaire ». Elles n'en reflètent pas moins une certaine compétence sémiotique des locuteurs, compétence que le linguiste devrait être en mesure d'expliciter (en identifiant les signifiants responsables de ces effets particuliers), or force est de constater que ce n'est pas le cas, tant s'en faut…

Il est d'ailleurs permis de penser que la tentative de « cerner » ces divers phénomènes est une entreprise désespérée, et que des notions telles que « humour » ou « ironie » sont par essence destinées à rester à l'état de « nébuleuses ». Mais pour ne pas conclure sur ces aveux d'échec, ajoutons que ce qu'il est possible de faire en revanche, c'est d'une part, d'identifier et décrire un certain nombre de *procédés* ; et de l'autre, de voir quels *effets* ils produisent et à quelles utilisations ils se prêtent lorsqu'ils sont actualisés dans un contexte particulier, écrit ou oral. On y reviendra *in fine* à propos de notre débat, après avoir pointé un autre problème, de nature non plus théorique mais descriptive, que pose l'analyse de l'ironie : admettons que l'on soit parvenu à établir une définition relativement précise de ce que l'on entend par là, est-il facile de l'appliquer aux données que l'on a décidé de traiter ?

3.2. L'identification des séquences ironiques

Cette identification peut se faire sur la seule base de savoirs externes (ce que l'on sait du référent discursif, et de ce que

20 La relation entre ironie et sarcasme n'est pas plus claire que celle entre ironie et humour – sur le sarcasme, voir P. Charaudeau (2011 : 33-35), M. D. Vivero García (2011 : 46-49) et K. Barbe (1995 : 27-29) (où se trouvent mentionnés différents auteurs pour qui le sarcasme est une forme particulière de l'ironie).

l'on peut supposer que le locuteur en sait et pense lui-même, vient bloquer la possibilité d'une lecture littérale)[21], en relation avec l'application du principe de pertinence et autres « maximes conversationnelles ». Mais elle est le plus souvent favorisée en outre par la présence d'un certain nombre d'indices internes, verbaux ou non verbaux – pour ce qui est des mimiques qui accompagnent souvent les énoncé ironiques, dans le cas de Sarkozy on peut mentionner certains mouvements de la tête (balancement, inclinaison), le petit sourire, le regard porté sur les animateurs et la « délocution » de l'interlocutrice, mais ces marqueurs ne sont ni systématiques ni assignés à cette seule fonction (il semble bien difficile de déceler l'existence d'une mimique qui serait véritablement propre à l'ironie[22]). Les indices verbaux (hyperbole[23], formulation décalée, registre familier, exclamation…) sont eux aussi généralement polysémiques[24], venant au mieux semer le doute sur la sincérité de l'énoncé ou renforcer la présomption que l'on a qu'il ne doit pas être pris pour argent comptant.

La présence de ces indices n'empêche pas la possibilité d'incertitudes quant au caractère ironique ou pas de tel ou tel énoncé. C'est un cliché que de souligner l'ambiguïté constitutive du procédé, mais tout dépend du type de discours auquel on a affaire. Le problème ne se pose pas dans les

---

21 Rappelons que ces savoirs peuvent être « préalables » ou construits par le texte lui-même.

22 Quant aux indices prosodiques ils jouent sûrement un rôle important, mais le « ton ironique » n'a fait l'objet à ce jour d'aucune description précise.

23 M.D. Vivero García note à juste titre (2011 : 47) que « dans l'ironie, l'hyperbole peut fonctionner comme un indice, mais elle n'est pas constitutive » (alors qu'elle l'est dans le « sarcasme » tel qu'il est défini par cette chercheuse). Sur la question des indices de l'ironie, voir C. Kerbrat-Orecchioni (1978 : 25-35 et 1980 : 114-118).

24 Quelques rares éléments mis à part, comme *sic*, dont on peut dire qu'il fonctionne comme un marqueur lexicalisé d'ironie. Signalons aussi l'existence de quelques énoncés (comme « La confiance règne ») qui sont eux-mêmes presque toujours utilisés de façon ironique (le trope est quasiment lexicalisé).

mêmes termes selon qu'il s'agit d'un texte littéraire dont le fonctionnement énonciatif est infiniment complexe et où l'ironie peut s'étaler sur l'ensemble de la macro-structure, ou d'un débat oral où les locuteurs sont clairement identifiables et où l'ironie relève plutôt de l'art du saupoudrage. À vrai dire, en ce qui concerne notre corpus rares sont les moments où l'on peut hésiter sur le point de savoir si l'énoncé est ironique ou non – rappelons à ce propos que dire qu'un énoncé est ironique, cela revient à dire que « L est ironique dans cet énoncé » : l'ironie est bien une affaire d'intention du locuteur, mais qui doit être traitée en termes d'hypothèse faite sur cette intention par le récepteur, qui tente de la reconstituer, sans toujours y parvenir [25]. Dans le cas qui nous occupe cette intention est généralement claire, à l'exception d'un ou deux passages dont l'interprétation est plus incertaine. Le premier survient au tout début du débat, lorsque NS déclare à SR, d'un air on ne peut plus sérieux :

(40)
NS: vous connaissez les chiffres comme moi (.) <u>j'imagine que dans cette campagne électorale on est au même niveau de préparation</u>

Ce n'est qu'en revisionnant le débat, tout au long duquel Sarkozy s'emploie précisément à pointer l'impréparation de son adversaire, que l'on peut subodorer ici quelque malice de

---

25 Voir C. Kerbrat-Orecchioni (1980 : 113-114). Il arrive toutefois qu'un énoncé produise un effet ironique ou humoristique dont on sait pertinemment qu'il ne saurait être voulu par le locuteur, mais on lui accordera alors un statut particulier (celui d'une interprétation « parasite »). Par exemple, lorsqu'à l'ouverture du débat Sarkozy réplique à Arlette Chabot qui vient de s'enthousiasmer sur le fait que les candidats « appartiennent tous deux à une nouvelle génération » : « d'abord l'affaire de génération (.) je crois qu'i faut rester un petit peu calme là-dessus (.) euh nous sommes des quinquagénaires (.) dans l'entreprise c'est pas les tout jeunes (.) bon et je ne pense pas d'ailleurs que l'âge change quelque chose à l'affaire », on peut si l'on a mauvais esprit voir se profiler le mot de Brassens : « le temps ne fait rien à l'affaire, quand on est con on est con », mais cette allusion sera aussitôt « ostracisée » (pour reprendre le terme de R. Barthes) comme étant étrangère à un travail interprétatif honnête.

sa part (déjà suggérée il est vrai, mais très discrètement, par le choix du modalisateur « j'imagine »), la possibilité de tels effets rétroactifs posant d'ailleurs un sérieux problème quant à la position de l'analyste-interprétant par rapport à celle des participants à l'interaction.

En revanche, c'est dès la première écoute que l'on peut avoir un doute sur le sérieux de Sarkozy lorsqu'il affirme, cette fois en conclusion d'un débat plutôt tendu dans l'ensemble, et parcouru par une violence feutrée :

(41)
NS: je pense qu'on a donné durant cette campagne (.) franchement euh (.) euh l'image d'une démocratie euh (.) apaisée et en même temps renouvelée

On peut aussi voir quelque ironie dans cette formule de PPDA qui vient clore le débat, un débat dans lequel, ainsi que s'en sont plaints après coup les animateurs eux-mêmes [26], ceux-ci se sont trouvés le plus souvent dépossédés par les débatteurs de leur fonction d'« animation » et réduits au rôle nettement moins glorieux de simples chronométreurs :

(42)
PPDA: à notre tour de vous remercier: tous les deux d'avoir animé ce débat dans tous les sens du terme

3.3. Les effets interactionnels de l'ironie

On comparera pour terminer le comportement des différents protagonistes de notre débat, qui affichent un « style communicatif » (ou « ethos ») nettement différencié, en ce qui concerne en particulier le maniement de l'ironie : si Sarkozy n'hésite pas à y recourir de façon récurrente, Royal ne

---

26 Cf. ce commentaire d'Arlette Chabot sur TF1 News, le 18-02-2011 : « [...] *c'était un cauchemar absolu, j'avais l'impression d'être une potiche*, c'est-à-dire qu'en même temps c'est formidable d'être là parce que c'est un moment très important dans une démocratie [...] et à la fin c'est *la plus formidable expérience frustrante que j'aie vécu* de ma carrière professionnelle. »

s'aventure dans ce registre que beaucoup plus rarement, et selon une tonalité sensiblement différente – de façon toute intuitive, j'aurais tendance à parler d'ironie « narquoise » dans le cas de Sarkozy et plutôt « sarcastique » dans celui de Royal, la différence se marquant entre autres au niveau des accompagnateurs non verbaux, le petit rire de SR (déjà noté à propos de l'exemple (36)) contrastant avec le petit sourire de NS :

(43)
SR: je voudrais dire aux femmes (.) qu'elles n'auront pas besoin d'aller devant les tribunaux (.) quelle drôle de société (.) ((*rire*)) mais qu'elles auront le service public de la petite enfance (.) sous toutes ses formes (.) vous vous rendez compte [...] les femmes vont aller devant le tribunal (.) pour demander une place de crèche (.) soyez sérieux (.)

Ségolène Royal recourt à ce registre à deux ou trois reprises mais elle exhibe la plupart du temps un *ethos* sérieux et même « hypersérieux », que ce soit dans ses interventions ou ses réactions à celles de Sarkozy, refusant par exemple d'entrer dans le jeu de son ironie (on l'a vu avec l'usage qu'elle fait de « parfaitement », on peut encore citer la réaction « ça vous amuse mais moi ça ne m'amuse pas » : elle, elle ne plaisante pas !) et incarnant jusque dans la rigidité de son comportement corporel (comparée à la plus grande mobilité de Sarkozy) son attachement à « l'ordre juste ».

Un mot enfin sur les animateurs : l'ironie n'est guère concevable dans leur bouche ; quant à l'humour, Patrick Poivre d'Arvor s'y essaie bien vers la fin mais sans grand succès (le mot d'esprit tombe dans une sorte de confus brouhaha) :

(44)
SR: [...] si nous réussissons à réduire (.) les écarts entre pays riches et pays [pauvres (.) et je veux (.)
PPDA: [alors nous on va essayer de réduire l'écart entre vous deux là parce que

L'ironie est donc très caractéristique du style de Sarkozy dans ce débat. Mais elle s'exerce par petites touches, laissant vite la place à un retour au registre sérieux. On peut en effet se demander dans quelle mesure l'ironie est appropriée dans un tel contexte, ce qui renvoie à la question de savoir en quoi consiste exactement la différence entre les énoncés, équivalents dénotativement mais non point connotativement, (18) et (18') ainsi que (20) et (20') :

(18) NS: ah c'est d'une précision bouleversante \
(18') NS: c'est complètement imprécis

(20) NS: eh ben ça sera gai (.) ça sera gai
(20') NS: ça sera sinistre

D'après la théorie de la politesse comme *face-work*, l'ironie, en tant que formulation indirecte de l'attaque (réalisation *off-record* du FTA, selon la terminologie de S. Brown & P. Levinson), la rendrait de ce fait moins blessante pour la face du destinataire [27]. Mais on peut plutôt estimer que la formulation ironique aggrave au contraire l'attaque en y ajoutant un élément de moquerie (lié comme on l'a vu à la présence de ce sens littéral, qui bien que présenté comme non valide n'est pas totalement évacué, évoquant quelque situation cocasse ou absurde, comme celle d'une Royal se réjouissant par avance des colères dont elle fera retentir si elle est élue au Palais de l'Élysée). Par ailleurs, la formulation ironique met l'interlocuteur dans l'embarras en ce qui concerne l'enchaînement approprié, ainsi que le signale déjà S. Freud (1971[1905] : 267) :

> L'ironie consiste essentiellement à dire le contraire de ce que l'on veut suggérer tout en évitant aux autres l'occasion de la contradiction.

La formulation est excessive sans doute, ne s'appliquant vraiment qu'aux cas où l'interlocuteur ne sait pas trop

27 Voir S. Brown & P. Levinson (1987 : 262-264) ainsi que K. Barbe (1995 : 25, 89-90, 94, 109).

comment il convient de « prendre » l'énoncé. Mais même les énoncés clairement ironiques sont plus difficiles à traiter que leurs équivalents « non tropiques » : convient-il d'y réagir de façon sérieuse ou également ironique ? d'enchaîner directement sur le sens intentionnel comme si de rien n'était, ou de marquer le coup par quelque commentaire métacommunicatif ?

Dans le contexte des débats électoraux, la stratégie de l'ironie est donc de bonne guerre : elle peut contribuer efficacement à l'entreprise de déstabilisation et disqualification de l'adversaire, sans produire l'effet d'une brutalité excessive et tout en créant une complicité (une « connivence critique », pour reprendre l'expression de P. Charaudeau) avec les télé-spectateurs que l'on divertit aux dépens de son partenaire d'interaction. Il est toutefois recommandé d'en user avec modération car cette stratégie présente aussi certains risques. En conclusion de l'étude des titres de *Libération*, je signalais, à partir d'un certain nombre d'exemples, que l'ironie avait ses détracteurs (C. Kerbrat-Orecchioni, 2011a : 143-145). On peut voir dans l'attitude de détachement critique de l'ironiste un refus de s'engager pleinement dans son discours et d'assumer une position claire (en effet, il arrive que l'intention ironique du locuteur soit évidente sans qu'il nous fournisse les moyens de savoir « où il veut en venir » exactement, c'est-à-dire sans qu'il soit possible d'accéder à cet X auquel est censé aboutir le processus interprétatif). On peut aussi lui reprocher – reproche qui s'applique mieux au cas de nos débats dans lesquels l'intention du locuteur est généralement claire – de formuler ses attaques de façon quelque peu « retorse » (le trope n'est-il pas une forme de « torsion » du sens ?), une façon qui cherchant à ridiculiser la cible, s'apparente à de l'irrespect : par deux fois, Sarkozy (venant de lui, le reproche est assez savoureux) associe le maniement de l'ironie à une forme plus ou moins atténuée de « mépris », d'abord dans l'extrait (36) (« mais madame pourquoi toute personne qui n'a pas votre opinion vous la regardez *avec ironie voire avec mépris* »), puis lorsqu'il réagit aux sarcasmes de Royal évoqués en (41) par « madame si vous le permettez vous n'avez pas besoin d'être méprisante pour être brillante ».

Dans les débats de ce type, l'ironie est permise, mais à condition que son usage n'outrepasse pas un certain « seuil de tolérance » (car tout de même, un débat électoral, c'est du sérieux !). Ce seuil varie selon les genres discursifs, comme varient aussi les autres caractéristiques du phénomène. L'analyse comparative que nous projetons des différents débats présidentiels de l'entre-deux-tours (six à ce jour) permettra de dégager à la fois les « règles du genre » en matière de maniement de l'humour et de l'ironie, et les variations dans la façon dont ces règles sont appliquées par les différents acteurs selon leur talent, leur tempérament et leurs choix stratégiques propres.

Chapitre 3. De la parodie dans la caricature et le dessin de presse (entre intertextualité, interdiscursivité et intericonicité)

Par Anne-Marie HOUDEBINE-GRAVAUD
Université René Descartes-Sorbonne
anne-marie.houdebine@orange.fr

La parodie suppose toujours une intertextualité ou interdiscursivité, c'est-à-dire une référence à un texte ou à un discours antérieur. Elle diffère de la simple citation puisqu'elle transforme celle-ci en donnant des indices pour qu'elle soit reconnue ; cela dans une visée critique, plus ou moins ludique, avec des effets de sens enrichissant les deux textes dans un va et vient entre l'énoncé manifeste et celui qui est cité. Deux exemples en témoigneront immédiatement.

L'intitulé d'un article « la Frankenbouffe dans vos assiettes » vient dénoncer fortement par la métonymie *vos assiettes* et par le mot valise *Frankenbouffe* la qualité actuelle de nos repas. Pour comprendre cet effet de sens il faut mobiliser notre mémoire et les discours sur Frankenstein. Il s'agit alors moins du docteur créateur du monstre que de ce dernier. Dans cette dénonciation l'*interdiscursivité* est repérable mais non la parodie, qu'on va dégager dans l'exemple suivant.

Lorsque Giraudoux écrit dans *La guerre de Troie n'aura pas lieu* : « un seul être vous manque et tout est repeuplé », certains auditeurs restent un peu interloqués puis pour interpréter l'énoncé, ils s'orientent vers un déchiffrement dénotatif, ou, vers une autre référence intertextuelle : un proverbe de langue courante dans lequel, à l'inverse de l'énoncé précédent, l'énonciateur est identifiable sexuellement : « une de perdue, dix de retrouvées ». D'autres cherchent à connaître le contexte d'énonciation ou la situation de production. Qui a dit cela ? Pourquoi ? Plus rarement aujourd'hui, mais il en existe encore, quelques auditeurs sourient qui ont entendu la parodie d'un vers de Lamartine et sa critique ironique d'une posture éplorée, qu'on a crue spécifiant le romantisme. Amoureux du langage ils se sont réjouis du retournement effectué.

Dans cette distance permettant de réentendre implicitement le texte de Lamartine se joue une mise en jeu ludique non dénuée d'aspect critique. La parodie en effet cite, mais ce de façon plus ou moins détournée, distanciée, avec une visée critique. Ces modalités devant être identifiables – et identifiées – sinon la parodie ne fonctionne pas comme telle.

Le renvoi à la référence citée est nécessaire mais non suffisante comme nous allons le vérifier à l'aide d'un premier corpus relevé à partir de premières de couvertures d'ouvrages [1], dessinées par des humoristes, dessinateurs de presse, et d'un graffiti (exemples 1 à 6) :
1 - *Citoyen en herbe* (Éditions de l'Arc, 1985), 2 - *Liberté égalité hilarité* (Mina & André Guillois, Fayard, 1972), 3 - *Aux larmes citoyens* (Arthaud, 1976), 4 - *La ruée vers l'ordre* (Denoël, 1967), 5 - *Il était une fois à l'est* (Denoël, 1990), et 6 - un graffiti : *Liberté égalité parité.*

1. Intertextualité, interdiscursivité

Le premier exemple *Citoyen en herbe* (Éditions de l'Arc, 1985) est le titre d'un manuel d'éducation civique et morale s'adressant aux scolaires. La couverture est illustrée par Jacques Faizant [2]. Elle représente une Marianne arrosant une plante (genre rosier) dont la fleur est une tête d'enfant souriant. Le dessin est donc l'illustration du dénoté explicite du titre. L'expression, *en herbe,* est bienvenue qui indique le devenir de l'enfant en adulte, ici interprétée en « croissance

1 Extraits du corpus de la thèse de doctorat de Diana Pignard, *Marianne : étude sémiologique d'une figure de l'identité française* soutenue le 17-11-2011 à l'université Paris Descartes-Sorbonne, non publiée.
2 Dessinateur de presse intervenant dans le *Figaro*.

de la plante » ; l'arrosoir manifestant une métaphore de la transmission. Il sera difficile de voir là une parodie et même une citation, ce qui ne sera pas le cas des autres exemples de ce point de vue (citation).

Pourtant un autre titre arrive dans la mémoire, celui d'un livre qui parle aussi de jeunesse et de devenir adulte : *le Blé en herbe* de Colette (1923) qui donna lieu à un film à scandale de Claude Autant-Lara en 1954. On peut maintenir qu'il est impossible d'entendre dans *Citoyen en herbe* une parodie du livre de Colette. Mais une citation en creux ? Et si vous l'interprétez ainsi que devient le rapport entre le citant et le cité, car là réside le sel de l'intertextualité : une reprise à distance, repérable par quelques indices (termes, construction syntaxique, sonorités etc.) qui produit des effets de sens dans l'intervalle entre le dit et le cité sous-jacent, quasi à la façon d'un présupposé. Or *le Blé en herbe* conte un devenir adulte du fait des rencontres amoureuses de Phil et Vinca, les deux jeunes protagonistes, et sexuelles, Phil et Mme Dalleray, la dame en blanc, la séductrice, jouée dans le film par Edwige Feuillère. Qui mobilisera cet ouvrage ou ce film lira bien plus que le dénoté de ce titre. Il s'agira alors (peut-être) d'une projection interprétante qu'on pourra qualifier de dérive. Mais le problème de toute interprétation est là qui reste celle d'un sujet et conduit aux malentendus interlocutoires.

Le deuxième exemple *LIBERTÉ ÉGALITÉ HILARITÉ* [3], le tout en majuscules, joue avec la devise française. La couverture souligne cette référence puisque ces trois termes reprennent les couleurs du drapeau français ; dans l'ordre, l'un en dessous de l'autre, *Liberté* en bleu, *Égalité* en blanc et *Hilarité* en rouge. Ils apparaissent dans un phylactère à fond blanc et sont attribués à un buste de Marianne, au décolleté semblable à celui de B. Bardot, à large bonnet phrygien, aux yeux et au sourire hilares. Un texte à droite du buste, à gauche sur la page, explique que cet ouvrage présente « plus de 1000 histoires drôles sur les politiciens et la politique ». Le 6ème exemple *LIBERTÉ ÉGALITÉ PARITÉ* (en majuscules

3 Mina & André Guillois, Fayard, 1972.

également) reprend aussi la triade révolutionnaire *Liberté Égalité Fraternité.*

Ces deux exemples substituent leur innovation, *Hilarité* ou *Parité,* au terme *fraternité.* Il est clair qu'il y a bien là volonté citationnelle mais peut-on la qualifier de parodique ? *A minima* on peut s'interroger : pourquoi *fraternité* ? Parce que c'est le dernier terme de la devise ? Il ne s'agit alors que de forme. Mais l'on sait bien que forme (ou expression selon Hjelmslev) et contenu ont partie liée. Cette substitution, ce jeu, fait entendre que le terme le plus fragile de la devise est celui de *fraternité* tant du point de vue de la forme de la triade que du sens de ce terme. Bien que cela ait sûrement compté, ce qui a joué le plus n'est peut-être pas une question de style, de rythme (toujours 3 termes), de sonorité respectée par les finales des substituts (*-ité*) avec plus d'exactitude dans le parallèle pour *hilarité* (4 syllabes comme *fraternité*) que pour *parité* (3 syllabes). Dans ce cas (*parité*) on pourra admettre qu'il s'agit d'une qualification de la *fraternité* la réinscrivant entre hommes et femmes avec un autre terme celui d'*égalité.* Le graffiti a d'ailleurs été relevé lors des discussions politiques sur la parité. Il peut cependant se lire hors de son contexte immédiat. Il est envisageable qu'il donne lieu à une iconicisation voisine de celle du 2ème exemple, qu'il s'agisse de dessins de presse, d'affiches ou de premières de couvertures. Quant à ce 2ème exemple, substituant d'un point de vue politique (allusion au verbal « sur les politiciens et la politique ») *Hilarité* à *fraternité,* ne confirme-t-il pas que *la fraternité* laisse à désirer dans notre démocratie ? Il en va sans doute de même de *l'égalité* comme le souligne un titre de l'*Expansion* en insérant entre les deux premiers termes de la devise un inattendu INÉGALITÉ en majuscules et gros caractères.

Ces diverses références prennent sens dès le message explicite mais à l'évidence elles mettent en cause à distance la devise révolutionnaire et son efficience actuelle. C'est pourquoi nous pouvons relever leur caractère non seulement de citations mais de références intertextuelles puisque la citation n'est pas donnée telle quelle. Elle est transformée et ce sont ces modifications qui, la faisant entendre, réactive son sens initial, ce de façon plus ou moins critique et par là subversive.

Il en va ainsi dans le troisième exemple *Aux larmes citoyens* (Arthaud, 1976) qui travaille également la mémoire révolutionnaire puisque l'ouverture de la Marseillaise y est citée et parodiée. Une petite Marianne, à bonnet phrygien, dessinée de profil par Piem, tête basse, verse des larmes qui tombent dans une urne. L'intertextualité joue à plein, comme dans l'exemple de Giraudoux, cette fois brièvement et à une consonne près, *larmes* au lieu de *armes*. Cette interpellation des citoyens nettement moins guerrière que dans *la Marseillaise* vient souligner le désenchantement à venir à cause d'un vote (l'urne), et sans doute même plus, les larmes étant synonymes de tristesse, de désespoir, de malheur. Les couleurs ont aussi leur importance : *aux larmes* est en bleu, et *citoyens* en rouge. Qui pleure ? Les bleus [4] ? Ou les rouges ? Selon le contexte politique (1976) on considérera que ce sont les uns ou les autres. Ne tranchons pas ici.

Le quatrième exemple *La ruée vers l'ordre* (Denoël, 1967) est aussi dessiné par Faizant. Son dessin présente un De Gaulle, enfoncé dans un large fauteuil club derrière lequel se tient Marianne (à bonnet phrygien et cocarde). Devant De Gaulle on voit deux petits hommes avec dossiers, apparemment Debré et Pompidou selon les caricatures de l'époque et l'apostrophe du phylactère attribué à De Gaulle : « vous savez ce qui plaît en moi Pompidou ? J'AGACE ! ». Le paradoxe vient de l'opposition sémantique entre le terme *plait* (du verbe *plaire* « éveiller la sympathie, être agréable à quelqu'un ») et le verbe *agacer* (causer une sensation

4 En France lors des publications des résultats des élections, les journaux affichent les résultats des partis de droite en bleu et de gauche en rouge. Le Front National, parti d'extrême droite, vient de se citer « bleu marine » allant dans la même direction chromatique avec insistance superlative, le bleu marine étant plus foncé que le bleu, donc plus à droite, outre un jeu sur le prénom de sa responsable Marine (avril 2012).

irritante, désagréable, etc. [5]), d'autant que celui-ci est mis typographiquement en valeur et que la phrase de De Gaulle entre également en désaccord avec le titre *La ruée vers l'ordre.* Celui-ci contient aussi un paradoxe : *l'ordre* supposant certaines règles, une stabilité bien différente des « mouvements impétueux, incontrôlés et incontrôlables » d'une ruée [6]. À travers le titre on entend celui du film de Chaplin, *La ruée vers l'or* (1925, 1942). De ce film, on se souvient plus souvent du pauvre hère dans la cabane et la neige, comme le montre une des affiches du film [7], ou de la danse des petits pains, que de la fin heureuse lorsque le chercheur d'or, devenu milliardaire, retrouve sa bien aimée. Quelle ironie vient se jouer dans cette mise en discours paradoxal (*plaire – agacer – ruée – ordre – or*) ? Nous ne le saurons pas. Cependant nous entendons la référence intertextuelle. Que cherche à travers elle à nous dire ou faire entendre Faizant ?

On sait que la recherche de l'or réel n'était pas celle du héros de la résistance que fut De Gaulle. Est-ce alors de la présidence qu'il s'agit ou plus encore de la séduction (*plaire*) dont le personnage de Faizant se raille (*j'agace !*) ? À moins qu'il ne se joue dans ce dessin de Pompidou, petit personnage secondaire, directeur un temps de la banque Rothschild dont l'ambition présidentielle était connue (*la ruée vers …*) ? Même déployée en diverses directions, l'interprétation reste difficile. On entend la référence parodique mais son sens, sa

5 *Plaire* : Éveiller la sympathie chez quelqu'un, être une source d'agrément, de satisfaction pour quelqu'un - Être agréable, convenir à quelqu'un (TLFi) - *Agacer* : Causer une sensation irritante et généralement désagréable parce que répétée et continue. Causer un état de nervosité accompagné d'impatience ou d'irritation. Faire naître une réaction ou stimuler cette réaction, causer une légère excitation (TLFi).

6 *Ordre* : Disposition, succession régulière, constatée ou instituée. Disposition, distribution dans l'espace conforme à une loi, à des règles. *Ruée :* Mouvement impétueux, incontrôlable (TLFi).

7 *Ruée vers l'or.* Mouvement migrateur à partir du milieu du XIXe s. qui entraîna des populations à la recherche de l'or, de l'est vers le centre et l'ouest des États-Unis d'Amérique et l'Alaska (TLFi). Pour le film : http://cine8.free.fr/aff_chaplin.htm

visée restent incertains. Il en est souvent ainsi comme on va le voir dans le 5ème exemple, *Il était une fois à l'est* (1990). La référence incluse implicitement est repérable, et une analyse minutieuse peut dégager par inférence des orientations signifiantes grâce aux indices verbaux présents permettant de retrouver l'énoncé cité de façon sous-jacente, ici encore un titre de film : *Il était une fois dans l'Ouest*, western italien de Sergio Leone (1968) [8].

La couverture est dessinée par Serguei [9]. Sur un ciel rouge deux personnages s'enlacent : un homme habillé de rouge, costume et cravate rouges, reconnaissable à sa tache frontale, représente Gorbatchev. Il serre contre lui une Marianne blonde, vêtue d'une robe bleue, au bonnet phrygien rouge. Le décor derrière eux est très sobre : un ensemble de murailles à droite, dont une partie s'écroule : une brèche et un tas de pierres au bas du mur l'indiquent ; à gauche une forteresse, un château fort rappelant la Bastille des gravures du XVIIIe siècle avant sa prise, avec un pont levis baissé et un vide : une absence des murailles. Ces éléments, ainsi que la brèche précédemment décrite, le verbal « *à l'Est* » et le personnage de Gorbatchev sont à interpréter comme « la chute du mur » selon la formule agréée. Peu de choses à voir avec le western sauf la fin victorieuse, moins d'une vengeance comme dans le film que de la démocratie, bien qu'avec le baiser de Marianne il puisse aussi s'agir d'allusion à une révolution douce. Notons que le film cité est le premier d'une trilogie dont le second s'intitule *Il était une fois la révolution.* De plus, outre la thématique de la vengeance, il décrit un changement d'époque, quasi de civilisation, marqué par la construction du train et son arrivée bouleversant les habitudes des premiers conquérants. Ainsi se distinguent non seulement deux temps, celui des chariots et des cowboys, les pionniers à cheval conduisant librement les troupeaux à travers les plaines, et celui de la modernité, des hommes d'affaires, des

---

8 *Il était une fois dans l'Ouest (c'era une volta in West),* film de Sergio Leone, dit western spaghetti, musique de Ennio Morricone.

9 Dessinateur de presse intervenant dans le quotidien *le Monde.*

commerçants s'installant, mais aussi deux espaces *l'Est et l'Ouest* de cette façon reliés. N'est-ce pas ce qui se laisse entendre dans la commutation entre les deux titres (*Il était une fois dans l'Ouest, Il était une fois à l'Est*) ? Une région (des pays), une époque (le temps d'après la chute du mur) changées, renouvelées. Est-ce cette orientation qu'il fallait découvrir dans ce dessin de Serguei réactivant comme S. Leone la magie et l'espoir que suscitent les contes (*il était une fois*) ? Qui eut cru quelques années auparavant que « le mur » tomberait et que l'Est sortirait de *son enfermement (d'où le château fort Bastille et le pont levis* baissé ?). Sauf qu'il faut vraiment posséder quelque culture cinématographique pour dégager toutes ces allusions.

Cet exemple, plus que d'autres encore, montre à quel point les références, repérables par quelques indices, dans ce cas la reprise de l'énoncé quasi tel quel : *il était une fois* puis localisation, et partant commutation aisée *à l'Est, dans l'Ouest,* doivent être « communes ». Ce que l'on désigne de « culture générale » ou « de monde partagé » ou encore « d'univers de sens commun ».

Le verbal et ses relations anaphoriques (au sens de Tesnière) joue alors un rôle fondamental, qui permet de relancer outre le texte cité (donc *la relation intertextuelle*), les discours voisinant avec l'événement ou le texte (*relation interdiscursive*). La « chute du mur », élément politique, culturel, a été longuement mise en discours. C'est une *formule* (A. Krieg-Planque, 2009) ou un *événement discursif*[10] comme en France le « 14 juillet », ou plus largement le « 11 septembre » ; événements qu'il n'est même pas besoin de dater.

Sans le verbal et ces éléments, c'est-à-dire avec le seul visuel, il aurait été impossible d'établir la relation avec le film de S. Leone. Au mieux aurions-nous pu renvoyer à des

10 Comme le « détail de l'histoire » prononcé par J-M Le Pen à propos d'Auschwitz a fait, selon ma formulation, « événement discursif » marquant, de telle sorte que le mot *détail* était devenu un temps comme tabou.

féodalités s'interrompant, des prisons se libérant. Le symbole de la Bastille y contribuant, à condition que joue efficacement la (re)connaissance de son architecture de 1789. L'allusion à la chute du mur aurait pu s'inférer de la brèche dans la muraille – qui ne ressemble pas au mur de Berlin – et de la présence de Gorbatchev, encore faut-il le reconnaître, le nommer et par là réactualiser les discours sur son rôle, celui de la *glasnost*, etc. Il en va de même pour la Bastille, sa chute, et ce qui se peut se remémorer de discours sur la Révolution. C'est pourquoi outre le terme d'*intertextualité* nous mobilisons également, dans ces moments interprétatifs, celui d'*interdiscursivité*.

Un graphisme peut également jouer ce rôle de rappel interdiscursif sans pour autant que s'y lise une parodie. Un titre : *Autriche : l'ombre du passé* (Stoon et Rezk) où les deux *ss* de *passé* sont calligraphiés comme le sigle nazi [11] rend claire l'allusion, tout comme le nom du pays *Autriche* donné en allemand *Ostereich* où s'entend *Reich*, la dénomination de l'Allemagne au temps d'Hitler (*Troisième Reich*).

C'est bien ce passé qui est actualisé et dénoncé au présent. Le dessin de presse est réduit à ce titre et à un travail graphique sur le nom OSTEREICH. Celui-ci est écrit en lettres majuscules droites et grises projetant leur ombre sur un sol également gris, sauf le S qui reprend le graphisme du sigle des SS et jette sur le sol une croix gammée. Référence et dénonciation évidentes, mais parodie de quoi ? Des affiches de l'époque ou de l'ampleur majestueuse et grandiloquente que montraient les tribunes des manifestations, les statues d'Arno Breker, etc. (A.-M. Houdebine, 2004) ?

Comme on vient de le voir dans ces divers exemples de premières de couverture, dues à des dessinateurs de presse, le verbal est celui qui permet l'inférence. Il s'allie à l'iconique qui joue souvent un rôle secondaire, de relais ou de complémentarité (R. Barthes, 1964).

Parfois pourtant celui-ci est absolument nécessaire, une partie du message lui étant imputable, (sémio)graphiquement

11 Sigle de la Waffen-SS (= SchutzStaffel : escadron de protection).

comme dans l'exemple précédent, ou du seul fait de l'image. En effet les éléments iconiques en rappelant d'autres images permettent de repérer, d'identifier un autre texte iconique, sous-jacent. Ce qu'on désignera d'*intertextualité iconique* ou d'*intericonicité* (A.-M. Houdebine, 2009), comme nous le verrons dans les exemples suivants.

2. Intericonicité et verbal

Dans un dessin de Rif, au graphisme léger, une femme aux cheveux et tabliers flottant au vent suspend à un portique des éléments également soulevés par le vent. Ils font penser à des torchons ou à des draps s'agitant mais on lit sur ces éléments des chiffres suivis du sigle de l'euro (100, 200, 1000 €), et sur deux phylactères, orientés vers la bouche de la femme : « avec 'éthique' mon argent est plus propre » (dans le premier) « et sans odeur » (dans le second).

Deux isotopies sont là convoquées, celle de la lessive et celle de l'argent, plus précisément de son blanchiment, comme l'on dit. Ce qui sans doute a donné l'idée de ce visuel. Une parodie des slogans des publicités de lessive, raillées par Coluche parce qu'elles lavent « toujours plus blanc », est ici mise en scène iconiquement et linguistiquement (« avec x votre linge sera plus blanc »). *Sans odeur* renvoie tout aussi clairement que les icones à l'isotopie « argent », en rappel implicite du proverbe « l'argent n'a pas d'odeur ».

Le jeu parodique se lit dans l'iconique et le verbal, et vient critiquer les diverses façons de détourner ou blanchir l'argent en mettant même en cause certains fonds puisqu'il en existe qui se nomment « éthiques ». Dans cette vignette s'allient les éléments porteurs d'interdiscursivité et d'intericonicité.

Mais lorsque le visuel est sans texte, que se passe-t-il ? L'iconique seul peut-il jouer ce rôle de citation, de référence distanciée, ironique, critique ? On ne parlera d'intertextualité iconique ou d'intericonicité que lorsque la textualité iconique (l'icône, le visuel) seront reconnaissables selon la même procédure que pour le texte : le citant laissant reconnaître le cité. Lorsqu'un tableau ou une gravure célèbre sont repris cela est aisé. Mais là encore, et on va le montrer, les univers culturels partagés sont nécessairement convoqués.

Il en est ainsi avec le tableau de Delacroix, intitulé le *28 juillet* mais plus connu sous le nom de son sous-titre *La liberté guidant le peuple aux barricades*, maintes fois utilisé dans des publicités, des premières de couverture ou des caricatures.

Dans la plupart des cas, apparaît une Marianne, exactement dans la posture peinte par Delacroix, avec ou sans le fusil dans la main droite, bras droit visible brandissant le drapeau ; l'autre bras étant escamoté. Coiffée d'un bonnet phrygien, vêtement au vent bien que la robe soit ceinturée, poitrine dévoilée, la Marianne avance vers la droite, son bras droit tendu au-dessus d'elle avec le drapeau. Son visage, vu de profil, est tourné vers la gauche comme dans le tableau cité où elle appelle à sa rescousse le peuple en armes autour et derrière elle. Elle est souvent seule, en demi-plan, parfois accompagnée d'un enfant comme chez Delacroix.

Ainsi en est-il dans la couverture du *Mémento du républicain* (2006). Marianne y surplombe non un monceau de cadavres mais un tas de détritus industriels, déchets de notre civilisation. Du fait de sa critique sarcastique de nos accumulations et consommations excessives, ce visuel peut être mis en regard du passage de l'ouvrage d'Eduardo Mendoza, *Sin noticias de Gurb,* cité dans ce recueil [12].

Le drapeau brandi est le plus souvent tricolore comme dans le tableau de Delacroix. Cependant sa couleur peut varier. Sur la couverture de l'ouvrage *La gauche en France* de Michel Winock (2006), il est entièrement rouge relayant le titre et le colorant ainsi d'un effet de sens révolutionnaire.

L'hebdomadaire *Télérama* en 2007 utilise aussi cette intericonicité : sur sa couverture, en gros plan (dit plan américain) et dans la même posture, un sein dévoilé, le bras

12 *Sin noticias de Gurb*, Barcelona, Seix Barral, 1991, pp. 19-20 et 34-35. Voir l'étude qu'en fait M. D. Vivero García dans le chapitre 5.

droit tendu brandissant le drapeau, on voit une Marianne, seule, en pleine page, au visage maquillé de couleurs vives. Le drapeau, tricolore, est très visible, en haut à gauche, bien qu'un peu hors champ. Le fond du visuel est vert/bleu, comme fluorescent, ainsi que le maquillage des paupières très important qui rappelle celui de Marilyn Monroe, dans ses portraits réalisés par Andy Warhol. La robe n'est plus blanche ou écrue comme chez Delacroix mais violette, sur laquelle tranche la ceinture bleue. Ces couleurs vives, contrastées, ont un effet de modernité picturale. Le dossier du magazine est intitulé, comme en sous-titre, sur le côté gauche, en bas de la page, sur trois lignes, la première en rouge rappelant le bandeau du titre du magazine, les deux autres en noir « Politique/le pouvoir/au féminin ». La reprise des éléments iconiques de *La liberté guidant le peuple,* fait passer les idées de révolution, de force, de courage d'une ou des femmes ainsi que de féminité et de modernité par la référence à Marilyn et Warhol. Notons que cette couverture est parue en 2007, pendant la campagne présidentielle. Le magazine mettait ainsi l'accent sur une nouveauté politique en France : celle de la candidature d'une femme aux présidentielles, Ségolène Royal, ainsi identifiée à une conquérante révolutionnaire et moderne.

Dans les visuels précédents il s'agissait essentiellement de la Marianne, de sa vêture et de sa posture côté drapeau et non côté fusil. Cependant le tableau de Delacroix peut être repris avec une plus grande conformité des éléments. Il en est ainsi dans une publicité pour une banque française vraie copie de la peinture en question : à gauche, bourgeois et ouvriers armes à la main, à droite le jeune garçon pistolets en mains, les cadavres se laissant à peine entrevoir sous le texte de promotion de la banque. Tout cela à une substitution près d'importance, le drapeau tricolore est encore brandi vers la gauche exactement comme dans la scène de Delacroix mais il est tenu à deux mains, ou plutôt à deux pattes, par un immense écureuil, symbole-logo de cette banque. Elle annonce ainsi ce qu'elle qualifie iconiquement, par cette substitution et ce grossissement caricatural, de révolutionnaire : le fait de rémunérer « les comptes courants dès le premier euro ». L'intericonicité joue ici un rôle nettement parodique et ludique.

Dans les caricatures aussi cette figure et ce tableau sont utilisés. Nous n'en citerons qu'une d'Iturria [13]. La Marianne, dans la même posture que dans le Delacroix, au premier plan du dessin, en marche (pieds décalés visibles), réactive la figure de la Liberté qu'elle symbolise avec bonnet phrygien et cocarde, le bras droit tendu avec le drapeau tricolore, l'autre tenant la baïonnette. Le visage est toujours de profil, tourné vers l'arrière en appel, mais on y voit un sourcil froncé, comme courroucé. Transgression eu égard au tableau de Delacroix ses deux seins sont visibles provoquant l'autre figure féminine. Celle-ci est en arrière-plan, en burqa noire et injurie la Marianne en la qualifiant de « dévergondée », seul verbal du dessin. La référence évidente au tableau et à son titre connu, *La liberté guidant le peuple* sert d'interprétant : la femme libre, même plus libératrice, volontaire et combative est la Marianne, symbole de la France révolutionnaire.

Cette figure de Marianne, sans référence au tableau de Delacroix, est aussi très souvent utilisée dans les publicités françaises en particulier pour les banques. L'une d'entre elles a longtemps présenté la Semeuse, à bonnet phrygien gravée par Oscar Roty en 1897, enceinte ou avec une corne d'abondance pour montrer sa prospérité, parodiant ainsi la figure longtemps triomphante sur les timbres d'usage courant, les pièces d'un et cinq francs et aujourd'hui de 10, 20 et 50 centimes d'euros.

Elle l'est aussi dans les dessins de presse plus ou moins caricaturaux. C'est ainsi que pendant l'hiver 2009-2010, la grippe H1N1 donna lieu à diverses caricatures de Roselyne Bachelot ; par exemple sous les traits de Marianne, marchande ambulante soldant son trop plein de vaccins, ou cantatrice genre Castafiore. La Marianne, aux traits de la Ministre de la santé est une femme plantureuse, au postérieur

---

13 Dessinateur humoriste, caricaturiste, dans le journal *Sud-Ouest* et coutumier des parodies politiques comme on peut le voir sur son site.

proéminant planté de nombreuses aiguilles à vaccin qui rappellent de cette façon que R. Bachelot avait montré ostensiblement qu'elle se faisait vacciner (au bras).

Caricaturée de même par Iturria, en Marianne à bonnet phrygien et cocarde, toujours plantureuse et les fesses rebondies pleines d'aiguilles, elle chante ou plutôt hurle la Marseillaise, puisque de sa bouche sort une portée de musique pleine de notes et un texte de cinq lignes de plus en plus gros. Le premier couplet de l'hymne national est cité d'abord correctement « entendez-vous dans nos campagnes » puis avec une substitution : à la place de *mugir ces féroces soldats* on lit « MUGIR ces féroces VIRUS » [14]. Dans ce grossissement caricatural, la parodie est claire, l'ironie également, redoublée par la référence à l'héroïne d'Hergé, la Castafiore, elle-même parodie des cantatrices. Double parodie avec destitution de la Ministre et de sa politique de prévention. Mais elle n'est pas seule visée. Avec les symboles utilisés (la Marseillaise, la Marianne) la France elle-même l'est et sa politique de santé.

Dans une autre caricature R. Bachelot sautille, bras en l'air, très maquillée, bouche ouverte, habillée comme un torero, mais en rose, clair et foncé, la couleur de ses tailleurs souvent moquée. Comme une torera, plantant ses banderilles, elle attaque de ses aiguilles de vaccins un porc tout aussi rose. Rappelons qu'il s'agissait de la grippe porcine. Un texte en haut de la caricature inscrit « vaccinación ». Parodie ironique (encore une fois) de la politique de la Ministre, utilisant le ridicule (l'habit et la posture de R. Bachelot) et frisant l'insolite, puisque ce porcelet rose est bien dérisoire en comparaison des taureaux des corridas.

Après les virus H5N1 et H1NI, ou l'ESB dit couramment « la vache folle », événement discursif qui en a entraîné d'autres sur le même modèle (cf. *soja fou*), une autre crise est apparue celle de la question du nucléaire avec le tsunami et ses ravages sur la centrale de Fukushima au Japon. Plantu

14 Les éléments donnés ici en majuscules le sont mais en gras et en gros caractères dans la caricature.

intervint avec plusieurs vignettes sur ce thème. Deux d'entre elles seront commentées.

La première présente deux geishas côte à côte dansant. De celle de gauche peu de remarques sont à faire puisqu'elle renvoie aux images connues : le kimono traditionnel, coiffure élaborée, longues épingles à cheveux la traversant. Mais celle de droite montre l'impact de l'événement du 11 mars 2011 du fait des détails différents observables : même posture, même coiffure, mêmes épingles décoratives, même habit mais les couleurs sont différentes : de rose il est devenu jaune et au lieu des fleurs ce sont les symboles du nucléaire qui y sont dessinés. Sur le visage aux yeux clos, la bouche est cachée par un masque de protection, blanc avec au centre un rond rouge rappelant le drapeau japonais, tandis que s'affiche en plein centre du dessin en grandes majuscules rouges le mot valise « Tchernippon », rappel du premier accident nucléaire d'importance *Tchernobyl* condensé avec le terme *nippon* équivalent de japonais ou « du japon » [15].

Il faut ajouter que, dans cette vignette, la petite souris en bas du dessin à droite, représentant habituellement le dessinateur, porte un masque à gaz.

Plantu réitère ce type de message de façon nettement plus parodique en visant cette fois la France et les annonces météorologiques télévisuelles. Dans une seule vignette sont dessinées deux cartes de météo représentant le Japon et la France. Si l'on n'avait pas reconnu les cartes des pays, les titres au-dessus de chacune explique clairement ce dont il s'agit : « Météo au Japon » puis « Météo en France ». L'intérêt de cette caricature vient du parallélisme de la mise en scène quant aux cartes, aux présentatrices et à leur discours. La carte du japon à gauche est parsemée de points rouges qui se transforment en un endroit précis en éclat comme il s'en utilise dans les bandes dessinées pour évoquer un impact ou une explosion ; en haut à gauche de la carte un petit dessin d'usine avec ce même point rouge éclaté,

---

15 TLFi : Le synonyme *japonais* est plus usuel, mais l'emploi de *nippon* permet parfois d'éviter une répétition.

explosant. La présentatrice étend sa baguette indicatrice vers la carte. Elle a un masque sur la bouche, les jambes serrées, des petites gouttelettes au-dessus de sa tête qui marquent, dans les BD, l'émotion. Apparemment bien que les montrant, elle ne commente pas les points rouges puisque très ironiquement s'inscrit seulement sous la carte « Des petits nuages par-ci, par-là ». On remarque alors que partent du haut de la carte japonaise deux nuages roses emplis de petits points noirs, à ce moment-là non identifiables mais que la carte de France permet d'inférer : des déchets nucléaires. Cette carte de France est en effet pleine de ces symboles dans des endroits identifiables à ceux des implantations nucléaires, en moindre nombre dans le dessin que dans la réalité et pour cause (58 réacteurs nucléaires en France). La présentatrice est cette fois blonde et joyeuse. Elle arbore un large sourire, des yeux rieurs. Ses jambes dansent tandis qu'elle s'écrie d'un air guilleret « C'est le printemps !». La petite souris en bas du dessin, au milieu cette fois, porte encore un masque à gaz pour éviter de respirer ces petits points noirs, venus des nuages de l'autre carte, qui s'éparpillent à côté d'elle.

Cette caricature de Plantu utilise la parodie des annonces météorologiques et fait allusion, avec la joie de la présentatrice de la « météo en France », innocemment ravie, aux dénégations françaises. On se souvient qu'au moment de Tchernobyl le gouvernement, par la voix de quelques savants, avait notifié qu'aucune retombée radioactive n'avait lieu en France. Ce que ne disaient ni l'Allemagne, ni l'Italie et a donné lieu à un énoncé critique, maniant l'antiphrase de façon ironique, énoncé souvent accompagné de commentaires sarcastiques, longuement répété sur le web et réactivé dans les médias après l'accident de Fukushima : le nuage de Tchernobyl se serait arrêté à nos frontières. D'où la méfiance à l'égard des discours ministériels sur le nucléaire et les demandes de « transparence » réitérées de diverses ONG et des partis politiques d'opposition.

Jusqu'alors les visuels présentés étaient tous assortis de verbal, plus ou moins important (phylactères, titres, sous titres, mot valise ou commentaire bref inclus dans le dessin).

Même si avec l'utilisation du tableau de Delacroix la référence parodique est certaine, le verbal aide souvent à la construire et enrichit l'interprétation, comme cela a été montré et comme on rencontre le plus souvent chez les humoristes qui rendent ainsi leurs caricatures très explicites. Alors qu'en est-il sans aucun texte ? L'image ne peut nier a dit Barthes. Comment peut-elle opérer cette distanciation, ce retournement énonciatif que suppose la parodie ? Y sont-ils aisément repérables et repérés ?

3. Intericonicité sans verbal

Restons avec Plantu : deux hommes nus exactement dans l'attitude du « penseur » de Rodin se font face, assis sur des globes ; le premier sur un disque blanc rendu stable par un socle plat comme appartenant à une centrale nucléaire proche. Celle-ci est reconnaissable par la forme de sa tour et ses cheminées incandescentes (rouges). De gros nuages de fumée s'en échappent avec des jets et des points rouges comme ceux vus dans la carte météo du Japon. Un point rouge surplombe l'ensemble de gauche et l'on comprend que le disque blanc représente le drapeau japonais qui a perdu son centre rouge, devenu « danger » dans ce dessin.

Le deuxième homme est assis sur un globe terrestre puisque des continents et des océans y apparaissent (Amériques, Europe, Afrique). Il se disloque et de lui sortent également des nuages. Il n'est pas comme l'autre sur un socle stable mais sur une mer de tempête. La crise est là. Notons que le visuel renvoyait clairement aux sculptures de Rodin très exactement dessinées. Aucun texte n'était nécessaire. Cependant, peut-être instruit de l'absence de référence culturelle de certains lecteurs – comme dans l'expérience faite avec l'exemple de Lamartine donné en ouverture – Plantu a écrit sous sa signature, en bas du dessin « d'après Rodin ». Autre manifestation de l'importance du verbal.

Pourtant on peut rencontrer quelques vignettes sans aucun texte. Ainsi en est-il de celle de Elchicotriste [16], humoriste espagnol, qui présente dans une cible, une mappemonde, semblable à celle du globe en danger dans le dessin de Plantu. Au centre de la cible une grande colombe blanche tenant dans son bec orange un rameau d'olivier se courbant ; sous quel poids de souffrance ? On reconnaît aisément le symbole de la paix.

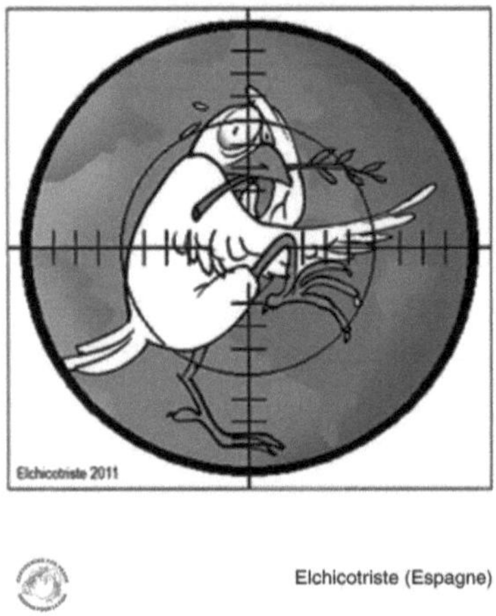

Dessin d'Elchicotriste [17], 2011.

Mais celle-ci a l'air bien maltraitée car la colombe souffre, elle a peur et cherche à s'enfuir de ce monde comme l'indique le mouvement de ses pattes simulant une marche (une en arrière, une en avant) comme pour sortir de cet univers. Son émotion se marque par les gouttelettes au-dessus de sa tête, ses grands yeux effarés, sa peur par sa patte avançant et son aile repliée venant se poser sur sa tête, à la façon dont on appuie sa main sur le côté du visage ou sur le front quand tout va mal. Aucun verbal. Mais le message est

16 Miguel Villalba Sánchez, dit « Elchicotriste », http://sadboy-elchicotriste.deviantart.com

17 Image capturée le 20 juin 2012 sur le site http://www.cartooningforpeace.org/dessinateurs/elchicotriste.
Nous remercions l'auteur de nous avoir autorisés à reproduire ici ce dessin.

clair, la paix est menacée comme la colombe au cœur de la cible. Celle-ci utilise l'image du jeu de massacre, comme on en trouve dans les foires, mais prend une tonalité tragique par la seule force du dessin de l'icône-symbole colombe.

Lorsque le visuel en reprend un autre très connu – donc d'une culture partagée – la citation parodique est rendue évidente du fait de l'intertextualité iconique.

C'est le cas avec nombre de reprises du schéma de l'évolution selon Darwin, que l'on trouve au Science Museum de Londres et sur divers sites Internet, d'autant que cette image très connue et très pédagogique est critiquée par nombre de scientifiques actuels [18]. On se souvient qu'il s'agit d'une marche en avant imageant la théorie de l'évolution. Dans quelques cas, les plus rares, ce schéma part des sauriens – nous en verrons un – mais la plupart du temps il commence avec un singe marchant à quatre pattes puis se redressant peu à peu, en quatre ou cinq figurations, pour finir en *homo sapiens*, nettement debout, notre contemporain. L'illustration se lit toujours, selon le sens de notre écriture, de gauche à droite. Au Science Museum, cette chaîne s'achève, non sans malice, par un miroir où le visiteur intrigué se hissant voit tout à coup, en bout de circuit, sa propre image.

Ce dessin est souvent parodié, avec ou sans texte. Considérons tout d'abord deux d'entre eux, sans aucun verbal.

Le premier pourrait faire écho à celui de la paix menacée au moins pour ses trois premières figures. Il en comporte cinq reprenant la succession de la chaîne de l'évolution ; mais à chaque étape des outils sont mis dans la patte ou la main des protagonistes et ces éléments deviennent très vite, dès le singe redressé, indices d'agressivité. Les têtes ou visages en témoignent également sauf les deux dernières sur lesquelles il

---

18 « Dans d'anciens manuels de cours, dans la presse, sur Internet, une image est souvent utilisée pour représenter l'évolution de l'homme. Cette image montre [...] un singe courbé qui avance vers la droite en se redressant et s'humanisant pour « finir » en un *Homo sapiens* bien redressé... Ce dessin est une véritable image d'Épinal. Nous avons l'impression de l'avoir toujours vu... et pourtant les idées qu'il véhicule sont fausses ! » http://www.hominidés.com

faudra revenir. Le singe brandit un os, l'homme encore un peu courbé qui le précède tient une lance. Le troisième, bien vertical, de type *homo sapiens,* a un fusil à la main droite et à la main gauche une pelle ensanglantée qui vient heurter le dos de l'homme devant lui. Ils sont tous nus et ce quatrième homme, avant dernière figure de l'image parodiant celle issue des travaux de Darwin, est nettement plus pacifique. Il n'est plus barbu comme les précédents mais chauve et gras et ventru. Il tient à la main droite comme un pack de bière et boit avec une paille dans une sorte de canette de liquide jaune. À l'inverse de celui qui le suivait – le troisième homme au fusil et à la pelle, tellement droit et au pas gaillard – celui-là s'arrondit, son dos se courbe à nouveau. Il se transforme en une dernière figure, que chante Marie Darrieussecq dans *Truismes* (Paris, P.O.L., 1996), celle d'un porc du même rosacé que le ventre de l'homme le précédant. Terrible évolution : nous savions, depuis Sénèque, que l'homme était un loup pour l'homme et qu'il pouvait être un « vrai porc » ou un « sale cochon », ce visuel l'atteste.

Il va sans dire qu'on peut prendre cette dernière figuration au pied de la lettre mais aussi métaphoriquement ; le porc n'étant plus aujourd'hui considéré eu égard à sa ressemblance avec l'humain, comme au Moyen Âge ou dans le visuel précédent, mais du fait de ses conditions de vie (ou de survie). Mangeur de déchets, il est assimilé à ce qu'il mange ou plutôt qu'on lui donne comme nourriture et à tort, la saleté le qualifie : on dit d'un endroit mal tenu et malpropre que c'est une porcherie ou de quelqu'un qui se conduit mal que c'est un porc, d'où également le visuel précédent.

Dans cette autre parodie, la chaîne de l'évolution utilise neuf figures. Elle part – ce qui est rare – des poissons, devenant sauriens terrestres, puis singe rampant, singe à quatre pattes, singe se redressant bien qu'encore un peu courbé avec de moins en moins de poils, puis homme débout donc *homo sapiens* et enfin, manifestement, un homme contemporain. Celui-ci se courbe de nouveau pour vider, dans la mer d'où sortaient les poissons du début de la chaîne, un seau de détritus de notre époque qui rappellent le monticule de déchets du consumérisme contemporain vus dans l'image du *Mémento républicain* et dans le texte de Mendoza[19].

Il a été dit plus haut que si un visuel en reprend un autre, connu, la référence parodique se comprend aisément même sans verbal du fait de l'intericonicité. Il en est ainsi par exemple dans diverses caricatures de la situation psychanalytique. Il suffit qu'on dessine une image comprenant des personnages sur un divan et un fauteuil (derrière le divan) pour que la référence à la psychanalyse soit perçue. Pour peu qu'on allonge sur le divan une souris écoutée par un chat en fauteuil, comme le fait Gelluk, on repère le message satirique et sarcastique. Le patient n'est guère en sécurité. L'inverse, un loup par exemple sur le divan et un agneau l'écoutant, serait tout autant parodique, satirique et sarcastique qui indiquerait que le psychanalyste court aussi quelque danger !

On pourrait citer maints visuels de cette sorte caricaturant les séances psychanalytiques, et mettant en scène, d'une certaine façon, les risques du transfert. Mais nous nous contenterons de ces deux exemples puisque ce paragraphe est consacré aux visuels sans verbal et que, la plupart du temps, les parodies des séances psy comportent des textes. Ce qui les rend souvent plus ludiques que sarcastiques comme on le voit dans la vignette suivante.

Dans un cadre vieillot (lustre et mobilier) un homme chenu, barbu, ressemblant vaguement à Freud interroge très classiquement un homme allongé sur un divan : « Parlez-moi de votre enfance ». Mais celui-ci s'écrie : « Ah non, désolé, ça c'est personnel ! ». Avec ce seul énoncé récusant la proposition du psychanalyste, toute la théorie freudienne est rappelée ironiquement puisque, on le sait, elle insiste sur les déterminations de l'enfance. De plus, la séance analytique, elle-même est mise en scène de façon amusante, ironique et paradoxale, puisque la parole du patient se doit d'être intime, « personnelle », ce qui ici se refuse.

---

19 Voir ci-dessus §2 note 12.

D'autres caricatures reprennent aussi des visuels célèbres qui permettent de repérer immédiatement le jeu parodique. Mais pour bien saisir leur message, autrement dit comprendre ce qu'elles mettent en question, quelques connaissances supplémentaires, situationnelles ou temporelles, sont nécessaires.

Vérifions-le avec une vignette de Willem. En bas de l'image en noir et blanc (*Libération* n'a jamais de couleurs dans ses pages internes) un évêque ou un cardinal mains jointes, donc priant, lève les yeux vers trois tableaux le représentant (même habit, même calotte). La référence aux trois singes de la sagesse est évidente : chacun des trois personnages des tableaux adoptant l'attitude des singes : main sur les oreilles (1er tableau), sur les yeux (2ème tableau) et enfin sur la bouche (3ème tableau). On comprend ainsi qu'il prie pour ne rien entendre, ne rien voir et ne rien dire.

Mais de quoi s'agit-il ? Que faut-il faire semblant de ne pas savoir et taire ? Il est évident qu'il faut connaître ce que les medias disent à la même période pour comprendre un peu plus précisément ce dont il s'agit. Encore qu'on puisse se convaincre que, quels que soient les enjeux, ou les questions, l'église catholique et ses officiants pourraient être désignés de « grande muette », comme la police et ses services secrets.

Une vignette d'Iturria nous éclaire. Quatre séminaristes avancent en colonne, vêtus traditionnellement de la soutane longue et noire à rabats blancs et d'un chapeau plat à larges bords, comme dans les films de Fellini, le nez plongé dans un livre violet. La couleur est sans doute d'importance dans l'équivoque qu'elle laisse filtrer (*violet, violer*) puisque le dernier prêtre est suivi par un juriste qui lui tape sur l'épaule et l'interpelle. Ce personnage est aussi habillé d'une robe longue et noire, à rabats blancs ceinturée de bleu/vert, mais le chapeau qu'il porte est très différent, ainsi que le livre qu'il tient dans les mains. Le couvre-chef est cette fois une toque d'avocat ou de procureur et le livre est rouge et fermé (l'action a été accomplie). Sur sa couverture on lit « code pénal ». La justice poursuit et rattrape les prêtres, les serviteurs de l'église. Iturria insiste puisqu'il inscrit en haut de la vignette et sur son fond gris : « L'Église catholique rattrapée par les affaires de pédophilie ». Ce que mettait en image la main de la justice frappant l'épaule du dernier prêtre.

La période est la même, celle des medias dénonçant le silence de l'église et en particulier de la hiérarchie catholique, pourtant informée de ces actes délictueux. Les messages des deux visuels sont convergents. Celui d'Iturria est plus évident quant à la transmission de l'information, puisqu'il appuie son dessin d'un énoncé quelque peu redondant avec le dénoté du visuel. Cela sans parodie, mais non sans dénonciation et ironie : celle que créaient les images felliniennes de cortèges de séminaristes pressés.

Le dessin de Willem est nettement parodique et sarcastique. Si l'on se souvient de la dénomination qu'on donne à ces postures des trois singes dites « de la sagesse », il est évident que l'Église et sa prétendue « virtus » (sagesse) est ici non seulement caricaturée mais nettement critiquée et dénoncée.

4. Les divers jeux critiques et ludiques de la caricature parodique

Retrouvons deux images parodiant Darwin, à la fois critiques et ludiques, usant de verbal. La première comprend six figures, allant de gauche à droite et présentant, selon la tradition, une suite allant du singe à l'homme. La première figure à gauche, sous-titrée « Homo Habilis » est un singe encore un peu courbé couvert de poils mais déjà presque vertical. La deuxième, encore davantage debout et un peu moins poilue est désignée par « Homo Erectus ». La troisième presque verticale mais encore très barbue est sous-titrée « Homo Néanderthalensis ». La quatrième est un homme imberbe et musclé marchant vigoureusement désigné d'« Homo Sapien » (et non *sapiens* ?). La dernière montre deux hommes en short, et pieds chaussés ; ce qui est une transgression dans la reprise du schéma de l'évolution. L'un est blond, porte un polo et des claquettes. L'autre est brun, en maillot de corps (marcel). Leurs deux visages rieurs sont vus de face et trois quart face et non de profil, autre transgression. Ils marchent aussi mais leurs bras (droit pour le brun, gauche pour le blond) sont enlacés et leurs deux mains sont jointes. Sous cette figuration est inscrit en plus gros caractères que pour les autres sous titres « Homo ». Jeu parodique et ludique revisitant le schéma de l'évolution.

C'est un divertissement de même ordre marquant, comme le précédent, l'évolution de nos civilisations qu'exprime la couverture de *The Economist*, titrée « The Story of man », et présentant cinq figures, du singe à l'homme, montant un escalier. Sur chaque marche, un degré de l'évolution est représenté : du singe courbé, puis outillé, à l'homme en position verticale. Cependant, à la place de *l'homo sapiens* apparaît, sur la dernière marche, une cinquième figure rarement rencontrée. Il s'agit d'une femme, mince, au visage vu de trois quart, maquillée, en robe courte, à la poitrine avenante, avec une coiffe à trois couleurs, le rouge dominant, et des escarpins à hauts talons. Elle tient dans chaque main des objets peu identifiables dans la reproduction récupérée. Comme les autres personnages, elle gravit deux marches ce qui fait remonter sa robe, dégage ses genoux et fait apparaître ses longues jambes. La plaisanterie vient du paradoxe entre le verbal et l'icône : l'histoire de l'homme s'achève par l'ascension de la femme puisqu'elle est au sommet de l'évolution symbolisée par l'escalier. La parodie ironique de Darwin n'est ainsi que l'illustration du vers célèbre d'Aragon chanté par Jean Ferrat « la femme est l'avenir de l'homme » [20].

Le dernier visuel de l'évolution commenté reprend un schéma souvent utilisé en publicité. Sept figures allant du singe à 4 pattes aux singes se redressant, pour arriver à

20 « L'avenir de l'homme, c'est la femme » Louis Aragon, *Le fou d'Elsa*, (1963), Jean Ferrat, titre : *La femme est l'avenir de l'homme*. Premier et dernier couplet : « Le poète a toujours raison/Qui voit plus haut que l'horizon/Et le futur est son royaume/Face aux autres générations/Je déclare avec Aragon/La femme est l'avenir de l'homme ».

l'homme, habituellement, très droit. Le ludique de cette version vient de ce que seule la figure centrale, la quatrième, est verticale et qu'à partir d'elle les humains recommencent à se courber. À partir du troisième au visage encore simiesque, aux jambes toujours un peu pliées, les personnages portent des outils. Une graduation opère sur ce plan. La troisième a un petit outil dans sa main droite, le quatrième à la stature verticale tient une lance de sa main gauche, le cinquième a, dans sa main droite, un râteau. Ses jambes commencent à se plier, ce que fait nettement le sixième, courbé sous le poids de l'objet qu'il porte à deux mains, une sorte de machine-outil à percussion ou à forage. Le 7ème, le seul imberbe, est presque autant courbé que le singe du début de la chaîne, soudé qu'il est à son siège, visage fixé sur l'écran de son ordinateur, en plein travail comme l'indiquent ses mains levés au-dessus du clavier.

Jeu parodique mettant ironiquement l'accent sur le paradoxe. L'évolution qui devait être ascendante, avec de plus en plus de verticalité humaine, s'achève avec un homme courbé devenu quasi homme machine, dépendant d'elle tant il fait corps avec son siège et son ordinateur.

Cette contestation de notre évolution est signifiée par le texte encadrant les figures et la questionnant, ironiquement. Au-dessus d'elles, en haut de l'image est notée « Évolution » en majuscules et en bas entre parenthèse (« or is it ? »).

En guise de conclusion, et en rappel

La dernière vignette analysée, comme celles du porc ou des détritus, manifestait par ce jeu de renversement de notre évolution, une crise, celle de notre civilisation. Analyser la crise dans divers corpus fut un des objectifs de notre groupe de recherche, mis en textes dans M. D. Vivero García (dir.) 2011.

La crise, mot ressassé aujourd'hui. La crise est partout mais ne touche pas tous les gens de la même façon, ce que montre éloquemment une caricature de Kap [21], vignette de nouveau quasiment sans paroles sauf à inscrire ce terme, *crise,* dans le boulet qui enchaîne chaque personnage. Mais pas de la même façon. Le bourgeois, en costume, ventru et goguenard, fumant toujours son gros cigare, traîne derrière lui une sorte de ballon baudruche rouge. En effet ce boulet, portant le mot « crise », flotte dans l'air au bout d'une longue chaîne, elle-même assez légère puisqu'une partie s'élève avec le ballon. Tout cela ne paraît guère le gêner. Ce qui n'est pas le cas de l'autre personnage. L'ouvrier à casquette rouge et en maillot de corps sue sang et eau comme le montrent les gouttelettes autour de son visage aux joues rougies par l'effort. Le boulet qui l'enchaîne est une grosse masse ronde grise et noire qui ne décolle pas du sol. La chaîne est cette fois très courte et manifestement elle le handicape. Même terme mais poids bien différent : la crise n'est pas vécue par tous avec les mêmes souffrances.

Caricature à charge, comme nous l'avions notée lors d'un premier travail sur ces thèmes (A.-M. Houdebine & M. Pozas, 2006), dénonciation critique, qui peut faire sourire ou rire jaune, comme l'on dit d'une remarque déplaisante. Car si toute caricature est critique, elle n'est pas obligatoirement ludique. La participation du récepteur l'interprétant est là d'importance.

Il en va de même de la parodie. Pour la relever il faut que le processus de citation et le retournement opéré soient repérés. Or rien n'est moins sûr à notre époque de grande différence culturelle entre les générations et les groupes sociaux, malgré les indices donnés, verbaux et iconiques, intertextuels et intericoniques ; d'où très souvent le recours au verbal, parfois redondant eu égard au dessin, senti comme plus explicite (paroles des protagonistes, titre ou sous-titre, rappel de faits récents, etc.), afin de faciliter la compréhension du message et son intentionnalité.

Or pour cela il faudra également que soient partagées les références culturelles, historiques et contemporaines, entre

---

21 Kap est un dessinateur de presse espagnol.

l'humoriste et son lecteur ou sa lectrice, car la caricature ou le dessin de presse s'inspirent fréquemment, sinon constamment, de l'actualité.

Chapitre 4. Humour et sous-énonciation

Par Alain RABATEL
Université de Lyon 1
alain.rabatel@yahoo.fr

Même si ce travail est centré sur l'analyse de l'humour verbal, il ne peut pas ne pas se poser la question de ses frontières avec l'ironie. Beaucoup opposent l'ironie et l'humour, comme H. Morier (1998 : 610), pour qui l'ironie, reposant sur l'antiphrase, provoque le rire tandis que l'humour appelle le sourire. D'autres pensent leurs relations en termes d'inclusion. Patrick Charaudeau (2011) conçoit l'humour comme un terme générique, à l'instar de S. Attardo (1994), de N. R. Norrick & D. Chiaro (2009) et, d'une façon générale, de nombreux analystes de l'humour dans les interactions (B. Priego-Valverde, 2009 : 166). Le fait que l'humour soit plutôt défini comme forme de pensée distanciée et joueuse semble plaider en faveur d'une dimension humoristique générique englobante. Mais cela conduit à rassembler des notions très disparates : la carte sémantique de W. Schmidt-Hidding (1963 : 48) s'organise autour de quatre pôles (*WIT, RIDICULE, FUN, HUMOR*) réunissant *pun, bon mot, satire, irony, nonsense, comic, mock, joke, whim, tease, practical jokes*. Or tout jeu de mot, toute satire, etc., ne sont pas forcément humoristiques. D'un autre côté, le caractère englobant de l'ironie est défendu notamment par les philosophes promouvant une conception large de l'ironie, en référence à l'ironie socratique (V. Jankélévitch, 1964). Je n'entrerai pas dans le débat sur la forme enchâssante, je veux d'emblée souligner les points communs entre ironie et humour, à savoir le fait de partager un double jeu énonciatif [1]

1 Ce double jeu – magistralement dégagé par A. Berrendonner (1981 et 2002), dont je partage les analyses sur l'ironie – ne fonctionne pas pour toutes les formes répertoriées par W. Schmidt-Hidding (1963). De plus, il concerne d'autres figures, notamment la litote, l'hyperbole ou

à des fins de moquerie (le terme est moins fort que celui de dérision, qui oriente plus directement vers l'ironie), de mise en boîte de l'autre, en un sens auto – ou hétéro-dialogique. À partir de là, mon propos vise à dégager les conditions énonciativo-pragmatiques et interactionnelles qui, en production et en réception, orientent l'interprétation vers l'humour ou vers l'ironie. Je me limite à quelques exemples (attestés ou fabriqués), en laissant de côté de la variable générique, qu'il m'a semblé prématuré de faire jouer lorsque les notions sont instables. Ce choix est discutable, mais en définitive, le lecteur dira si mes conclusions sont transposables pour d'autres situations… Je fais l'hypothèse que l'humour repose sur des positionnements plus complexes que ceux de l'ironie, parce qu'il présuppose d'abord de maîtriser son positionnement envers les autres *que* soi (ironie), avant de pouvoir exercer la dynamique de l'autre envers soi, et donc envers les autres *de* soi (humour). À la différence du PDV ironique, qui fait l'objet dans un premier temps d'une prise en charge feinte du PDV explicite (PDV1), avant que l'énonciateur fasse entendre que son véritable PDV (PDV2) correspond à un PDV opposé ou à tout le moins très différent qui nie implicitement la pertinence de PDV1 (A. Rabatel, 2013), le PDV humoristique fait l'objet d'une sous-énonciation qui va de pair avec une prise en compte irrévérencieuse de PDV1, en sorte que le véritable PDV de l'humoriste (PDV2) prend quelque distance avec le PDV source sans pour autant le remettre totalement en cause et sans que PDV2, plus pertinent que PDV1, se pose comme une vérité absolue, vu sa dimension ludique : c'est pourquoi PDV2 est doublement hypo-asserté, en lui-même, comme envers PDV1 [2]. Les PDV en confrontation (A. Rabatel, 2008a) sont organisés différemment : le PDV2 pris en charge est toujours implicite dans l'ironie, tandis que dans l'humour,

---

l'euphémisme, qui ont souvent été mises en relation avec l'ironie. Mais le double jeu dépasse de loin ces seules figures : voir A. Rabatel (2008a, 2011).

2 Ces notions sont définies en 1.

il est explicite, alors que PDV1 repose sur des allusions implicites. La confrontation est moins tendue dans l'humour, et c'est cet *understatement* que je m'efforcerai d'expliquer. Après avoir présenté mon cadre théorique [1], je proposerai une approche énonciativo-pragmatique de l'humour [2] avant d'examiner les mécanismes de la sous-énonciation, en appui sur une hypo-assertion de PDV2, qui laisse entendre que PDV1 est pris en compte par l'énonciateur humoriste, sans être totalement rejeté, même s'il s'avère que PDV2 est plus pertinent, sans l'être définitivement ni totalement [3].

1. Cadre théorique

J'articule énonciation et référenciation (R. Forest, 2003 ; A. Rabatel, 2008b et 2010), et distingue deux instances, le locuteur [3] et l'énonciateur [4]. Ce dernier est l'instance à partir de laquelle les contenus propositionnels (CP) sont agencés de telle façon qu'ils indiquent, en sus de la référenciation des états du monde, le point de vue (PDV) du sujet sur le monde, sur la langue et sur la façon dont le destinataire doit interpréter le CP. C'est en quoi les choix de référenciation et d'organisation de la prédication n'ont pas qu'une valeur référentielle objective, ils ont une dimension subjective et argumentative qui oriente l'interprétation du CP. C'est cette dimension énonciative et interprétative/argumentative qui fait concevoir les CP comme l'expression d'un PDV.

La notion de prise en charge (PEC) correspond à la façon dont l'énonciateur s'engage sur la vérité d'un CP, en

3 Le locuteur est l'instance qui profère un énoncé, dans ses dimensions phonétiques et phatiques ou scripturales. La majuscule, suivie du chiffre 1, code le locuteur/énonciateur primaire, dont le rôle domine les locuteurs/énonciateurs seconds (l2/e2). La barre oblique indique le syncrétisme entre L1 et E1 ou l2et et e2. On code e2 seul, en l'absence d'acte de parole.

4 L'énonciateur correspond à une position (énonciative) qu'adopte le locuteur, dans son discours, pour envisager les faits, les notions, sous tel ou tel PDV.

s'appuyant sur la vérité extralinguistique ou en la rapportant à un autre garant, je/tu-vérité, on-vérité, etc. (A. Culioli, 1980 : 184, A. Berrendonner, 1981 : 59). À la différence de A. Culioli, A. Berrendonner ou O. Ducrot (1980), pour qui l'instance de PEC est le locuteur primaire (L1), je considère qu'il s'agit de l'énonciateur primaire (E1) en syncrétisme avec le locuteur primaire – énonciateur que je nomme le *principal* parce que cet énonciateur subsume tous les contenus propositionnels que l'énonciateur premier assume au fil du discours, et parce que, pragmatiquement, c'est à lui que les interlocuteurs, comme, le cas échéant, les autorités, notamment judiciaires, demandent des comptes (A. Rabatel, 2005 : 126-127). L1/E1 prend en charge *ses* propres PDV. En contexte dialogique, deux cas de figure sont à distinguer : d'une part, les PDV sont exprimés par un acte de parole représenté, comme dans le discours rapporté, avec des locuteurs/énonciateurs seconds (l2/e2) ; d'autre part, les PDV peuvent renvoyer à des énonciateurs seconds (e2) non locuteurs auxquels L1/E1 prête sa voix par empathie ou méta-représentation, comme dans les PDV représentés (A. Rabatel, 2008b : 49) ou bien dans certaines mentions méta-représentationnelles (D. Sperber & D. Wilson, 1989). Ces énonciateurs seconds fonctionnent comme des instances de prise en charge très différentes de L1/E1 : c'est pourquoi je réserve l'expression de PEC pour L1/E1 et parle de quasi-PEC pour l2/e2 ; L. Gosselin (2010 : 127) opère la même distinction en employant l'expression d'instance de validation interne à l'énoncé pour les l2/e2. En vertu de la maxime de vérité, cette imputation est censée être de bonne foi : elle présuppose donc que non seulement L1/E1 est sincère, mais encore que l2/e2 (ou e2 seul) a bien 'pris en charge' ces PDV sur une autre scène énonciative. Quant à L1/E1, s'il veut faire sien le PDV de l2/e2, il doit manifester explicitement son accord. Il peut encore exprimer son désaccord (avec là encore des marques explicites) ou, à défaut, la simple prise en compte (E. Roulet, 1981 : 19). Je résume ces instances et niveaux de PEC dans la figure ci-dessous, en insistant sur la différence avec les représentations traditionnelles (P. Dendale & D. Coltier, 2005 ; D. Coltier, P. Dendale & Ph. De Brabanter, 2009 ; A. Rabatel, 2009, 2012a, b), qui mettent sur le même niveau PEC (ou responsabilité) et non PEC (ou non responsabilité) :

<table>
<tr><th>Prise en charge</th><th colspan="3">Quasi-prise en charge imputée par L1/E1 à l2/e2
ou à e2 ou à (L1')/E1' en un autre univers...</th></tr>
<tr><td><u>Instance de prise en charge (L1)/E1</u></td><td colspan="3"><u>Instance de validation l2/e2, e2 ou E1'</u></td></tr>
<tr><td>Syncrétisme des instances de PEC et de validation [Auto-PDV (PDV de L1/E1)]</td><td colspan="3">Disjonction présupposée des instances de PEC et de validation [hétéro-PDV (d'un interlocuteur, d'un tiers, de la doxa, voire de (L1')/E1' dans un autre univers...)]
[autres que soi... et... autres de soi [5]]</td></tr>
<tr><td></td><td>Accord ←→
=>Fusion hétérodialogique des instances de validation de E1 et e2 ou E1'</td><td>Prise en compte
Ø</td><td>←→ Désaccord
=> Refus de la (con)fusion des instances de validation de E1 et e2 ou E1</td></tr>
</table>

Ces mécanismes sont capitaux pour l'analyse des postures énonciatives.

Les postures correspondent aux relations entre énonciateurs dans la co-construction linguistique d'un « même » PDV, à partir de marques de reprise, citation, mention et de reformulation, recontextualisation, étant entendu que tout ce qui entre dans la co-construction des PDV (mode de donation des référents, choix de prédication, progression thématique,

5 Les « autres de soi » correspondent aux diverses positions énonciatives que E1 adopte lorsqu'il envisage les choses de tel ou tel point de vue, dans tel ou tel cadre spatio-temporel, tel ou tel cadre de référence : ainsi l'énonciateur dialogue avec des « autres » de lui-même, codés L1'/E1'. Cet auto-dialogisme gagne à être distingué de l'hétéro-dialogisme par lequel l'énonciateur premier dialogue avec des interlocuteurs ou des tiers (des « autres que soi », codés l2/e2).

types d'arguments, procédés rhétoriques, etc.) est signifiant (A. Rabatel, 2008b, 2010a, 2011). Les postures pensent selon un continuum la co-construction des PDV d'une façon plus fine que l'opposition accord *vs* désaccord. En effet, en référence aux notions de « concordance discordante » et de « discordance concordante » (P. Ricœur, 1983), je définis la *concordance concordante* comme co-énonciation effective, la *concordance discordante* comme sur-énonciation, la *discordance concordante* comme sous-énonciation (A. Rabatel, 2007). Ces deux dernières postures indiquent une dissymétrie dans la co-construction d'*un* contenu propositionnel plus ou moins assumé par les deux locuteurs à travers ses reprises et reformulations, tandis que la *discordance discordante* relève de l'expression manifeste et explicite d'un nouveau PDV en opposition à un PDV antérieur.

concordance concordante	concordance discordante	discordance concordante	discordance discordante
consensus ←			→ dissensus
←———	———	———	———→
co-énonciation d'un PDV	sur-énonciation d'un PDV	sous-énonciation d'un PDV	énonciation de deux PDV opposés

La co-énonciation (coproduction d'un PDV commun et partagé par L1/E1 et un énonciateur second) est nette en (1) en raison des marques explicites d'accord de E1 avec l'énonciateur de la formule (e2) :

> (1) On dit que l'homme est un loup pour l'homme et selon moi c'est on ne peut plus vrai.

Ainsi définie, elle se distingue de la co-énonciation chez M. A. Morel & L. Danon-Boileau (1998) (calculs du locuteur pour produire un énoncé qui recueille le consensus de l'allocutaire en anticipant sur ses réactions) et chez T. Jeanneret (1999) (co-locution sans que le PDV co-construit soit nécessairement pris en charge par les énonciateurs). Les phénomènes d'accord étant limités, faute de quoi la communication tournerait en rond, la co-énonciation laisse place à la sur- ou sous-énonciation, témoins des ajustements caractéristiques de la dynamique communicationnelle et des déséquilibres, désaccords ou inégalités entre interactants.

La sur-énonciation est la coproduction d'un PDV surplombant de L1/E1 qui reformule le PDV de e2 en paraissant dire presque la même chose tout en modifiant à son profit le domaine de pertinence du contenu ou son orientation argumentative. C'est ce que fait L1/E1 en (2), sa reformulation de la formule (PDV1 : homme = être humain ≈ PDV2 homme = mâles pourchassant les femmes), tout en paraissant dire presque la même chose (« peut-être même »), réduit le PDV initial à une relation de prédation sexuelle tout en disant que cette lecture est plus pertinente (« surtout ») :

> (2) On dit que l'homme est un loup pour l'homme. Pour les femmes aussi, et peut-être même surtout.

Enfin, la sous-énonciation est la coproduction d'un PDV 'dominé', L1/E1, le sous-énonciateur, reprenant avec réserve, distance un PDV qui vient d'une source à laquelle il confère un statut prééminent : c'est ce qu'indiquent, en (3), le conditionnel et l'expression « jusqu'à preuve du contraire », prenant en compte le PDV initial, sans aller jusqu'à le prendre totalement en charge.

> (3) Jusqu'à preuve du contraire, l'homme serait un loup pour l'homme.

2. Propositions pour une approche énonciativo-pragmatique de l'humour

Les différences notionnelles entre humour et ironie ne suffisent pas, il faut tenir compte de données énonciativo-pragmatiques précisant la relation de l'ironiste ou de l'humoriste à la vérité et à la cible, orientant l'attitude des tiers.

2.1. Humour, rire, jeux de mots, jeux de rôles

Le lien entre humour et rire (H. Bergson, 1900, S. Freud, 1905) – repris notamment par D. Chiaro (1992), N.R. Norrick & D. Chiaro (2009), G. Ritchie (2004) – est contestable parce que le rire excède l'humour et que l'intensité de l'humour n'est pas proportionnelle à l'intensité du rire (L. Olbrechts-Tyteca, 1974 : 14-15 ; S. Attardo, 1994 : 10-11).

Un deuxième lien est établi entre l'humour et les jeux de mots (P. Charaudeau, 2011 : 13-14) : l'humour est alors associé à une manière ludique et libertaire de jouer avec les mots, les structures, la doxa, construisant une vision décalée, transformée ou métamorphosée du monde, qui s'oppose aux normes et aux conventions : ainsi font V. Raskin (1984), D. Chiaro (1992), S. Attardo (1994) qui privilégie parmi les *jokes*, les *puns* (calembours, à-peu-près, métathèses, mots valises et autres contrepèteries), G. Ritchie (2004) qui limite également son approche de l'humour aux *jokes*. Mais ces notions ne se recouvrent pas : d'une part parce que l'humour ne fait pas nécessairement appel aux jeux de mots, d'autre part parce que ces derniers ne sont pas toujours humoristiques.

La dimension ludique de l'humour renvoie, sinon aux jeux de mots et au rire, du moins aux jeux de rôles, y compris envers une réalité contraire. Les notions de jeu et de vision décalée sont plus larges que celle d'antiphrase. Ainsi, l'emploi de termes d'adresse directe peut indiquer un contexte humoristique – « Brilliant, Einstein », « Elementary, Watson », « Yes, Mother », lorsque le locuteur s'adresse à quelqu'un qui n'est ni Watson, ni Einstein, ni sa mère (N.R. Norrick & C. Bubel, 2009 : 31, 39) – la relation entre ce qui est dit et implicité étant plus large que la seule relation de contrariété (E. Eggs, 2009).

2.2. Raillerie clivante de l'ironie vs moquerie complice de l'humour

B. Dupriez (1980 : 234) définit l'humour par l' « acceptation consciente de la différence entre l'idéal et le réel, différence que l'on n'hésite pas à souligner, ce qui est une façon de se dégager ». Aux plans notionnel et pragmatique, la vision humoristique recherche une connivence partagée dans la remise en cause des principes d'autorité : « il s'agit toujours d'un partage de liberté, du fait que l'acte humoristique est tourné, à la fois, vers le monde, dans le désir de le remettre en cause, et vers l'autre, dans le désir de le rendre complice » (P. Charaudeau, 2011 : 6). Ainsi l'exemple de Tardieu, cité par B. Dupriez, avec son allusion intertextuelle à l'autorité qu'est Pascal, est un bon exemple d'humour qui carnavalise le registre philosophique par l'usage d'un terme argotique (zozo) à partir d'un à-peu-près (/roseau/ vs /zozo/ = [rozo] vs [zozo])

> (4) « L'homme est un zozo, le plus faible de la nature, mais c'est un zozo pensant. » (Tardieu, *Un mot pour un autre*)

La vérité n'est pas une fin en soi : « elle est un moment de libération d'une contrainte, de négation d'une évidence, de relativisation d'un savoir doxique […] l'humour ne propose pas autre chose à la place : s'il désacralise, ce n'est pas pour resacraliser en même temps » (P. Charaudeau, 2011 : 6). Ce caractère non sérieux de l'humour – proche de la parodie, qu'on retrouve en (4) comme en (17) – est sans doute ce qui le distingue le mieux de l'ironie, dans la mesure où celle-ci laisse plus fortement entendre, ne serait-ce qu'*in absentia*, l'existence d'une position haute, à partir de laquelle la raillerie s'autorise. L'ironiste rit *de* sa cible, l'humoriste joue *avec* elle, adoptant une position de moquerie complice, et s'il se fait dépositaire d'une vérité, c'est d'une vérité très relative, passagère… C'est pourquoi on parle plus volontiers d'« ironie sarcastique » et d'humour caustique que d'« humour sarcastique ».

2.2.1. Objection n° 1 : l'humour sarcastique ?

Une chose est l'ironie sarcastique, autre chose le sarcasme proprement dit : la différence n'est pas que de degré, elle est de nature. Dans le sarcasme, le dit et le pensé sont tous deux hyperbolisés et polarisés négativement, tandis que l'ironie, souvent euphémisée, repose sur des contenus anti-orientés (P. Charaudeau, 2011 : 27). Il n'y a donc pas de double jeu énonciatif dans le sarcasme, et ce dernier est loin d'être toujours ironique (ibid. : 5). Néanmoins la notion d'ironie sarcastique comme raillerie de haut degré n'est pas contestable. En dira-t-on autant de l'humour, l'humour sarcastique étant une sorte d'humour vache ? L'expression épilinguistique « humour sarcastique » est attestée sur le web, en français comme en anglais (*sarcastic humor*) : on parle d'un « humour moqueur et acerbe » (http://www.linternaute, dictionnaire de la langue française). Mais le site ne donne pas d'exemple, et ceux des autres sites [6] sont bien peu acerbes et sarcastiques. Ils portent sur des thèmes qui n'appellent pas toujours l'humour, ou qui relèvent de l'humour noir portant sur le handicap (exemple (2)), sur la mort (exemples (3) à (9)) voire, bonheur suprême, la mort des femmes et des belles-mères (exemples (8) et (9)). Certains sont des *jokes* jouant sur le sens des mots, comme « élever » en (3), sur des expressions, comme « se retourner dans sa tombe » en (4), sur une antimétabole en (8), sur des stéréotypes (exemples (10) à (13)).

> (5) C'est très reposant d'être sourd. On ne vous dit que l'essentiel. (Sacha Guitry)

> (6) À son lit de mort, l'homme songe plutôt à élever son âme qu'à élever des lapins. (Louis Auguste Commerson)

---

6 http://www.evene.fr/citations/theme/humour pour les exemples (2) à (9) et http://www.magictt.com/forum/archive/index pour les exemples (10) à (13).

(7) Un incinéré ne peut se retourner dans sa tombe. (José Artur)

(8) Je veux être incinéré et je veux que 10% soient versés à mon impresario, comme il est écrit dans mon contrat. (Groucho Marx)

(9) Je préfère l'incinération à l'enterrement et les deux à un week-end avec ma femme. (Woody Allen)

(10) Le mot infarctus est le seul mot irrégulier de la langue française : on dit : « un infarctus, des obsèques. » (Francis Blanche)

(11) Un journal coupé en morceaux n'intéresse aucune femme alors qu'une femme coupée en morceaux intéresse tous les journaux. (Tristan Bernard)

(12) Il n'y a pas de bonheur parfait ! dit l'homme quand sa belle-mère meurt et qu'on lui présente la note des pompes funèbres. (Jerome K. Jerome)

(13) La différence entre une maîtresse et une épouse : 30 kilos.

(14) La différence entre l'amant et le mari : trente minutes.

(15) La différence entre un terroriste et une belle-mère : avec le terroriste tu peux toujours négocier.

(16) Un italien à l'hôpital attendant que sa femme finisse d'accoucher.
Il y en a 5 dit l'infirmière.
Oh là là dit l'italien tout fier, j'ai un bon fusil !
Vous devriez le nettoyer, les 5 sont noirs.

Il est difficile de dire que l'humoriste s'exonère de la moquerie, ce que contredisent nettement (8), (9) ou (15). Ce dernier exemple, avec le tutoiement, établit une forte connivence entre l'énonciateur masculin et le destinataire du *joke*. Même l'exemple (16) est humoristique, son exagération montre qu'on est loin de l'ironie et du sérieux qui accompagne la dérision, en raison de la métaphore filée par les deux locuteurs. Bref, l'argumentation par les dénominations épilinguistiques n'est guère éclairante : l'expression existe, mais pas la chose. Il faut une cible précise, souvent individualisée, pour qu'on puisse exprimer ses sarcasmes. L'objection de cibles ironiques collectives est fragile : car elles sont traitées comme des entités homogènes, ramenées à une sorte de super-individu proto- ou stéréotypique : ainsi des énoncés ironiques à l'égard des femmes, des peuples étrangers. Au demeurant, ces énoncés peuvent être traités ironiquement ou humoristiquement, selon la façon de jouer avec l'altérité, comme on le verra en 2.3, confirmant le stéréotype (*eg* distance infranchissable entre hommes et femmes, entre tel peuple et nous) ou le remettant en cause (nous sommes tous, *par certains aspects*, un peu femme, anglais, etc.). Dans les exemples précédents, l'humoriste ne peut guère être sarcastique, car il n'est pas assuré d'être supérieur aux cibles génériques (mortels, amants, maîtresses, maris, femmes, pères), nul ne pouvant à coup sûr dire qu'il est (et surtout sera) radicalement étranger à leurs malheurs ou à leurs défauts. L'humour étant rétif à une raillerie forte, la dénomination « humour sarcastique » est donc contradictoire dans les termes. En ce sens, (17) relève exemplairement de l'humour :

(17) Qui trop embrasse rate son train.

La cible n'est pas objet de dérision, le jeu de mots reformule un énoncé proverbial et offre une méta-présentation des adieux des amoureux, dont l'humoriste se moque gentiment. Et comme on a tous été, est, ou sera amoureux, il n'y a pas motif à raillerie forte. Sauf si, et la précision est d'importance, on est en pleine crise sentimentale, incommodé par des adieux…

2.2.2. Objection n° 2 : l'ironie humoresque

La deuxième objection à la distinction entre ironie et humour est de nature théorique et philosophique et concerne ceux qui, à l'instar de V. Jankélévitch, promeuvent une conception large de l'ironie. Cette conception s'appuie sur le questionnement socratique comme « ironie interrogeante » (V. Jankélévitch, 1964 : 10), critiquant les normes pour leur substituer une approche problématisante du complexe (ibid. : 30-31). Elle minore le rôle de l'ironie « nihilisante », celle qui exerce ses foudres à l'égard d'une cible tournée en dérision, magistralement mise en scène dans *Ridicule*. Toutefois, V. Jankélévitch est amené dans la troisième partie de son ouvrage, lorsqu'il aborde « l'ironie humoresque » (qui paraît le comble de l'ironie socratique) à distinguer ironie et humour en fonction du rapport à la vérité et du rapport à autrui : avec « l'ironie humoresque », le locuteur s'inclut dans la critique, témoignant de la « relativité généralisée de l'humour » (ibid. : 174), « accomplissant ainsi le message positif de l'ironie » (ibid. : 173) : « L'humour, c'est l'ironie ouverte [...] elle est toujours humble à quelque degré ; elle est sans aigreur et pacifie, par une médiation conciliante, les cruelles antithèses du sarcasme » (ibid. : 170).

Ainsi, même lorsque d'aucuns en tiennent pour une conception large et englobante de l'ironie, ils sont amenés à distinguer une forme superlativement ironique, l'humour, qui par contrecoup déporte l'ironie du côté nihilisant. Les distinctions entre « *sarcastic irony* » et « *friendly irony* » (J. Hancock, P.J. Dunham & K. Purdy, 2007) invitent également à s'intéresser à deux conceptions complémentaires, mais distinctes de l'altérité, visant les autres que soi et les autres de soi.

2.3. Autre(s) que soi vs autre(s) de soi, extériorité et intériorité

L'idée que l'humour représente une forme d'*understatement*, que la moquerie y est complice, s'explique peut-être par le fait que l'on considère traditionnellement que l'on est plus compréhensif avec soi qu'avec autrui. Ainsi de (18) et (19) :

(18) Tu es un vrai génie (= un vrai con).

(19) Je suis un vrai génie (= un vrai con).

Abstraction faite du contexte, de l'intonation et des mimiques, (18) est immédiatement interprété comme ironie railleuse, en raison de sa nature antiphrastique et aussi en raison de la cible, un autre que soi. En (19), compte tenu que la raillerie antiphrastique s'exerce sur soi (un autre de soi, plus exactement), on est plutôt enclin à faire l'hypothèse d'une sorte de jeu (humoristique) qui envisage cette possibilité sans tout à fait y adhérer.

La distinction ironie clivante et humour non clivant revient à dire que l'ironiste se met en extériorité pour juger, tandis que l'humoriste s'inclut dans le cercle de la critique. L'ironie s'exerce plutôt sur des autres que soi, et l'humour sur des autres de soi. Certes, on peut toujours considérer les autres que soi en estompant la distance entre eux et soi, et inversement durcir la distance entre soi et soi, mais il n'en reste pas moins qu'à un niveau très général, l'altérité des autres que soi est plus clivante que celle qui traverse le soi. Ainsi, on ne peut écarter que (18) soit prononcé avec force signaux désarmant l'agression potentielle et qu'au contraire (19) soit intoné avec une hargne très forte qui se retourne contre soi. Cela montre qu'un énoncé typiquement ironique et railleur peut s'interpréter *moderato* en un sens humoristique et qu'inversement un énoncé *a priori* humoristique peut s'interpréter *fortissimo*, comme dans les cas d'auto-ironie grinçante. (Au vrai, ma formulation est peu satisfaisante, car elle laisse penser que l'interprétation ne tient qu'au destinataire : or rien n'est plus faux, si l'on prend en compte les données intonatives et mimo-gestuelles, à l'oral, ou leur verbalisation, à l'écrit.) (18) et (19) témoignent qu'en fonction de la place que l'on accorde à l'ironiste ou à l'humoriste par rapport à sa cible et par rapport à la vérité, on est amené à interpréter un énoncé comme ironique ou humoristique. De même qu'un énoncé litotique peut être interprété comme litote ou comme énoncé restrictif (A. Berrendonner, 2011 : 135-136 ; C. Rossari, 2011 : 123-124), de même, un énoncé humoristique peut faire l'objet d'une interprétation ironique ou humoristique, indépendamment du fait qu'il peut ne pas être reconnu comme tel ou que son inappropriété peut être discutée (N. D. Bell, 2009 : 159-160).

C'est ce qui explique que les blagues (belges, juives, « de bondes » (P. Dendale, 2008) anticommunistes, etc.), racontées en cercle endogamique, sont plutôt humoristiques tandis qu'en contexte exogamique, elles sont ressenties comme plutôt ironiques. Dans la construction des identités, la délimitation des groupes (*in-group* et *out-group*), qu'il s'agisse de processus d'*institutional/gender/ethnic boundary-marking,* l'humour permet de jouer avec diverses identités, de se construire des appartenances variables (B. Vine, S. Kell, M. Marra & J. Holmes, 2009 : 136-137). Il renforce la cohésion du groupe – comme lors du visionnage en groupe d'un match de football (C. Gerhardt, 2009 : 89-91) – sans que cela soit définitivement clivant, dans la mesure où la conception de l'identité est ludique, évolutive, non figée [7].

Il y a plus. La saisie de l'altérité chez les autres précède celle envers le soi. D'un point de vue ontogénétique, l'acquisition d'une compétence ironique critique est plus précoce que celle de l'ironie amicale (J. Hancock, P.J. Dunham & K. Purdy, 2007 ; *apud* H. Kotthoff, 2009 : 55). Cette différence fait écho aux travaux de Piaget sur l'acquisition de la conscience symbolique. Cela plaide en faveur d'un continuum mais aussi d'une distinction nette entre humour et ironie et argumente en faveur d'une posture humoristique plus complexe que la posture ironique : car d'une part elle est capable d'intégrer le soi dans l'altérité, d'autre part de traiter des autres comme des doubles du soi. Si cette argumentation par la progressivité de l'acquisition d'une compétence ironique puis humoristique est correcte, il

---

7 Les distinctions ci-dessus peuvent être bousculées par les variables génériques ou situationnelles, par exemple lorsque l'humour prend une dimension critique, voire agressive, dans les conversations familières : les participants se connaissent si bien qu'ils s'affranchissent de certaines normes et se montrent plus tranchants qu'ils ne le feraient avec des locuteurs qu'ils connaissent moins intimement (B. Priego-Valverde, 2009 : 171).

reste à articuler ces différences dans la saisie de l'altérité avec les mécanismes de PEC et la question des postures énonciatives.

3. Humour et posture de sous-énonciation

L'hypothèse que défends est celle d'un appariement humour, sous-énonciation et hypo-assertion [8] (et inversement entre ironie, sur-énonciation, hyper-assertion, voir A. Rabatel, 2012c), selon la force illocutoire (FI) de l'assertion, étant entendu qu'une assertion avec une FI faible n'entraîne pas sa non PEC (A. Rabatel, 2009 : 76). Je précise que j'utilise « assertion » sans me limiter au sens restreint du terme :

> i : il comporte au minimum un groupe nominal et un groupe verbal (le verbe étant conjugué à l'indicatif associés dans cet ordre [car l'assertion n'est pas une interrogation, ni une exclamation, ni une injonction], la personne et le nombre du verbe correspondant à ceux du groupe nominal ;
> ii : il peut être précédé de *On sait que* ou *On affirme que*, mais non de *Loc demande si*, ni de *Loc se demande si* – et il est impossible de le représenter entre guillemets et suivi des incises *demande Loc* ou *se demande Loc*, où Loc désigne le locuteur-origine de l'énoncé. (P.-P. Haillet, 2007 : 26)

Une telle définition élimine les interrogations directes ou indirectes, les exclamations, les injonctions, les phrases nominales – sans compter les énoncés à un autre mode que l'indicatif, ce qui revient à exclure nombre d'énoncés ironiques ou humoristiques, qui sont pourtant assertés puisqu'ils jouent avec la PEC, à l'instar de (20)-(22).

> (20) Bal tragique à Colombey. [*Charlie Hebdo*, annonce de la mort de de Gaulle en référence au drame du cinq/sept]

> (21) Quel beau temps ! [alors qu'il pleut, que L1/E1 est seul]

---

8 Cette hypothèse ne prétend pas que sa réciproque soit vraie.

(22) Regarderons-nous le match ce soir ? [alors que ni L1/E1 ni le destinataire n'aiment le sport]

Ainsi (20) reformule-t-il l'annonce du drame national de la mort du général de Gaulle (PDV1) en la ravalant à un fait divers tragique, avec l'allusion irrévérencieuse au drame survenu dans le dancing du Cinq/Sept peu de jours auparavant (PDV2). L'hypo-assertion réduit la mort de l'ancien chef de l'État à une rixe dans un bal du samedi soir… Mais le drame de cette mort carnavalisée n'est pas refusé, il est pris en compte. De même (22) est bien une question, et non une question rhétorique valant sur-assertion. C'est bien en cela que réside l'humour, en feignant de se demander si l'on va regarder un spectacle que l'on déteste (PDV2), pour faire comme ceux qui aiment ça, et pour avoir le plaisir de jouer avec un sentiment de supériorité sans *ethos* désobligeant envers ceux qui aiment le sport à la télé (PDV1, implicite). PDV1 est pris en compte, car le fait même de poser la question indique que L1/E1 et son co-énonciateur acceptent qu'une telle question puisse être jugée sensée pour d'aucuns… Quant à (21), énoncé souvent analysé comme antiphrase ironique, c'est un trait d'humour en sous-énonciation. PDV2 n'entend pas nier PDV1 ([temps-être-beau]), car tout le sel de l'énoncé consiste à dire qu'il fait beau alors qu'il fait manifestement mauvais. Ce qui est nié, ce n'est pas la réalité extralinguistique (ce serait stupide), ni la mention antérieure, qui n'existe pas. PDV2 ne se réduit donc pas à l'antiphrase de PDV 1 (le temps est mauvais), mais à un acte de langage indirect qui pourrait se reformuler ainsi : on ne va pas se laisser abattre par les caprices du temps (du mauvais sort) (= PDV2). Le jeu de rôle fonctionne y compris lorsque l'énoncé est prononcé alors que L1/E1 est seul. C'est une hypo-assertion méta-représentationnelle euphémisée. Il serait certes possible d'analyser (21) comme un trait ironique, mais à la condition de reprendre en mention un PDV qui aurait dit qu'il faisait beau. Et il faudrait prendre en compte le contexte, les signaux para-verbaux pour savoir si (21) est prononcé d'un ton sarcastique, avec des marques mimo-gestuelles de dédain, ou si au contraire l'ironie est amicale – et se rapproche par-là de l'humour (assertion euphémisée, hypo-assertée).

On retrouve la sous-énonciation dans les énoncés humoristiques allusifs, tels (4) et (17). Le proverbe ou la formule ne sont pas rejetés, l'énonciateur joue avec la doxa ou la culture, sous une forme irrespectueuse ou ludique, sans pour autant nier la pertinence du PDV initial auquel il fait allusion. En sorte que les PDV2 de (4) et (17) sont des reformulations non paraphrastiques en mineur des proverbes ou formules célèbres originels. Le jeu avec les sonorités, les rythmes, le parallélisme de construction indique un jeu distancié qui est malgré tout un hommage à la formule… Certes, il y a une grande différence entre le proverbe source de (17) et sa reformulation ludique, ([mal étreindre] vs [rater son train]), mais dans les deux cas, il y a une parenté sémantique entre l'échec des situations dénotées dans ces deux PDV par opposition au contenu de PDV1 ([Embrasser trop]). Le choix baroque d'une situation factuelle qui prend au sens propre le verbe « embrasser », alors qu'il était pris au sens intellectuel dans le proverbe, indique bien un regard distancié sur la sagesse proverbiale et sur la totale prise en charge du proverbe. Néanmoins ce parallélisme de construction et de relation sémantique entre un excès (« trop ») et ses conséquences négatives (« mal », « rater ») indique bien que si l'humour ne remet pas en cause totalement la vérité proverbiale implicite, il joue avec elle, sans la rejeter. Toutes choses égales, c'est la même chose en (4). Il y a donc une formulation irrévérencieuse des énoncés sources, mais celle-ci n'affecte la sagesse ou la philosophie qu'elles expriment, en tout cas la distance ne va pas jusqu'à substituer au PDV initial un autre PDV : on reste donc cantonné dans les limites de la sous-énonciation, on ne prend pas totalement en charge l'assertion originelle, on la prend en compte et PDV2 est hypo-asserté en raison de la distance ludique [9].

Conclusion

En définitive, ce qui unit humour et ironie, c'est un double jeu énonciatif à des fins de moquerie, de mise en boîte de l'autre. Ce qui les différencie, c'est la posture de sur-énonciation ou de sous-énonciation, en lien avec les autres que soi ou de soi, selon que l'ironiste ou l'humoriste adopte à leur égard un positionnement clivant, en extériorité, ou peu ou pas clivant, en intériorité. Je résume l'essentiel des caractéristiques de ces deux manières de dire et d'être.

Catégorie générale	**Double jeu énonciatif à des fins de moquerie, de mise en boîte de l'autre**	
	IRONIE	**HUMOUR**
Cible	Autre(s) que soi	Autre(s) de soi
Positionnement	Clivage fort. Extériorité	Clivage faible. Intériorité
Rapport au vrai	Jugement de vérité	Questionnement du vrai
Rapport à l'autre	Moquerie forte	Moquerie faible, connivente
Posture énonciative	Sur-énonciation	Sous-énonciation
Nature assertions	Hyper-assertion	Hypo-assertion
Rapport à l'implicite	PDV1explicite PDV2 implicite	PDV1 implicite PDV2 explicite
Prise en charge	PEC feinte[10] de PDV1 + PEC de PDV2	Prise en compte de PDV1 +PEC forte PDV2

La plupart de ces paramètres font système : le clivage faible envers les autres de soi explique la position d'intériorité, et aussi le fait que l'humoriste n'est jamais blessant parce qu'il ne s'exonère pas de la critique, ce qui se dit à travers des

9 Je renvoie à A. Rabatel (2013) pour l'analyse d'un exemple long dans lequel la sous-énonciation est articulée avec des fragments conclusifs en sur-énonciation.
10 Si l'intention ironique est décelée, la PEC feinte est interprétée comme une non PEC, mais la feintise consiste à se donner d'abord l'allure d'une véritable PEC. L'interprétation d'un énoncé ironique au premier degré est la preuve de la PEC, même s'il y a erreur sur son caractère joué.

hypo-assertions et une posture de sous-énonciation. Voilà qui éclaire la notion d'*understatement*. Le paradoxe est que dans l'ironie, PDV2 implicite est plus fort que PDV1 explicite, tandis que dans l'humour, PDV2 explicite, sous une forme hypo-assertée, est certes pris en charge, mais la distance réduit la force de PDV2, d'autant plus que PDV1 n'est pas rejeté. Ce sont tous ces phénomènes faisant système qui sont déterminants, et non la présence de tel ou tel trait morpho-syntaxique (antonymie, scalarité, inversion, négation, appréciation, reformulation, etc.), de telles figures de rhétorique (comparaison, métaphore, hyperbole, antimétabole, oxymore, paradoxe, etc.) ou de tels marqueurs interactionnels (atténuateurs, euphémisateurs, adoucisseurs, ou intensifieurs en contexte négatif, etc.).

Chapitre 5. Catégories de procédés et formes d'humour en France et en Espagne

Par María Dolores VIVERO GARCÍA
Universidad Autónoma de Madrid
dolores.vivero@uam.es

La perspective contrastive favorise l'étude de l'humour au moins pour une double raison : d'abord parce qu'elle met en évidence certaines spécificités ; ensuite, et surtout, parce qu'elle aide à établir un cadre théorique permettant d'appréhender et de catégoriser les différents phénomènes humoristiques. Notre objectif, dans ce travail, est de contribuer à l'établissement d'un tel cadre. Nous proposerons, tout d'abord, des éléments pour une description énonciative de l'humour comme notion qui inclut les différentes catégories. Dans un deuxième temps, nous rappellerons les catégories de procédés que nous avons étudiées dans nos précédents travaux. Cela nous permettra d'examiner, dans une troisième étape, qui constitue la partie centrale de cette étude, trois formes d'humour hétérogènes issues de l'articulation de procédés différents : en premier lieu, le paradoxe caricatural, puis l'insolite caricatural et, enfin, la parodie insolite.

1. Vers un cadre descriptif pour une typologie des catégories de l'humour

Comme le soutient P. Charaudeau (2011), il faut une notion générique de l'humour. Cela nous paraît, en effet, essentiel surtout parce qu'aucune des catégories spécifiques (le paradoxe, la parodie, l'insolite, etc.) n'est en elle-même humoristique. Pour qu'elles le deviennent, il faut pouvoir leur associer quelque chose de plus qui leur serait commun. Il importe donc avant tout de décrire ce quelque chose en commun caractéristique de l'humour. P. Charaudeau (2011) en énonce un certain nombre de traits. Sans prétendre résoudre en ce qui nous concerne l'épineux problème de la définition de l'humour, nous voudrions montrer que, pour le décrire, il est nécessaire de prendre en compte des paramètres relatifs à la situation discursive.

On est en général d'accord pour dire que l'humour comporte une distance énonciative. En rapprochant l'humour de l'ironie, O. Ducrot (1984) décrit cette distance comme un décalage entre le locuteur et l'énonciateur ; l'humour serait une sorte d'ironie qui ne prend personne à partie [1]. Cette importante réflexion suscite cependant des difficultés lorsqu'on aborde l'humour et ses relations avec l'ironie.

Tout d'abord, il serait plus opératoire, nous semble-t-il, de distinguer entre les procédés et les visées, car si, d'une part, certaines formes d'humour qui ne relèvent pas de l'ironie peuvent être caustiques, de l'autre, l'ironie elle-même ne s'en prend pas nécessairement à quelqu'un : lorsqu'on dit sous une pluie battante « Quel beau temps ! », on ne prend en général personne à partie. Deuxièmement, humour et ironie ne sont pas incompatibles : l'ironie peut certes n'avoir rien de drôle [2], mais elle peut aussi être perçue comme humoristique. On peut alors se demander qu'est-ce qui favorise cette interprétation. Soit, par exemple, l'extrait suivant tiré d'une chronique de Robert Solé :

> (1) En entendant le discours sur l'agriculture prononcé [...] par Nicolas Sarkozy, des citoyens attentifs ont eu une impression de déjà-vu. Ils ne se trompaient pas : des phrases entières étaient tirées du discours prononcé par le même Nicolas Sarkozy, huit mois plus tôt [...]. Et alors ? [...]. Mieux vaut se répéter que se contredire [...]. Il n'a jamais été interdit de se plagier... soi-même [...]. Au contraire, un orateur qui se répète est rassurant [...] Pourquoi voulez-vous modifier une harangue

1 Selon sa terminologie actuelle (O. Ducrot, 2010), le contenu absurde qui apparaît comme conçu est finalement exclu. On s'en tiendra à l'ancienne terminologie, qui est plus connue.

2 Comme lorsque, pour réprimander un enfant qui vient de casser un objet de valeur, on lui dit : « Eh bien bravo ! c'est du joli ! »

> bien léchée, ayant atteint l'indépassable perfection ? (R. Solé, « Copié-collé », *Le Monde*, 01-11- 2009)

Certains indices proprement textuels, notamment l'hyperbole du positif (« indépassable perfection »), déclenchent la lecture ironique de ce passage. Mais si on interprète cette ironie comme humoristique, c'est tout d'abord parce qu'on reconnaît le genre discursif de la chronique, qui confère sa légitimité à l'acte d'humour. C'est aussi qu'on connaît le style du chroniqueur, Robert Solé en l'occurrence, qui a signé pendant des années le billet quotidien en dernière page du *Monde*. Tout cela permet au lecteur d'associer le décalage ironique du locuteur en tant que responsable de l'énoncé à la visée humoristique du journaliste.

Troisièmement, l'humour ne repose pas toujours sur l'ironie. Prenons, par exemple, ce fragment tiré d'un roman de Gary, où le narrateur évoque ses rapports avec un python qu'il a nommé Pete l'Étrangleur :

> (2) De temps en temps j'allais rendre visite à mon python [...] je m'installais, les jambes croisées, en face de lui et nous nous regardions longuement avec un étonnement, une stupéfaction sans bornes, incapables chacun de donner la moindre explication sur ce qui nous arrivait et de faire bénéficier l'autre de quelque éclair de compréhension tiré de nos expériences respectives. Parfois Pete se mettait en triangle [...] j'avais alors l'impression qu'il me faisait ainsi un signe que je devais interpréter. Depuis, j'appris que la position en équerre est pour un python une position de défense, en présence d'un danger, et je sus ainsi que Pete l'Étrangleur et moi avions vraiment une chose en commun : une extrême prudence dans les rapports humains. (R. Gary, *Chien Blanc*, Gallimard, 1980, p. 13)

L'humour de cet extrait jaillit de l'écart entre nos schémas cognitifs et la représentation d'un monde où les humains sont comparés aux serpents quant à leur capacité de s'étonner, d'expliquer leur expérience ou d'avoir des relations humaines. Il surgit donc du rapprochement entre deux univers – l'animal et l'humain –, selon une forme d'incohérence que nous appelons « insolite ». En ce qui concerne l'énonciation, le locuteur se distancie non pas d'une appréciation évaluative, comme dans le cas de l'ironie, mais du contenu des énoncés où a lieu le rapprochement insolite. Autrement dit, le locuteur ne prend pas sérieusement en charge les assertions de ces énoncés. Or même ainsi décrit, ce décalage au niveau de l'énonciation représentée ne saurait à lui seul caractériser l'humour, les formes d'énonciation distanciée étant nombreuses. Encore une fois, il faut pouvoir prêter à un sujet énonciateur une visée humoristique.

Dans le discours littéraire, comme dans l'exemple de Gary, on peut attribuer cette visée à un personnage, locuteur et à la fois être imaginaire susceptible de vouloir faire de l'humour. Mais il n'est pas toujours aisé de savoir si les personnages se distancient humoristiquement de leur dire ; on prête alors souvent cette intention à un narrateur figure d'auteur ou même à l'auteur implicite, en tant qu'hypothèse de lecture (ou image que se fait le lecteur de l'auteur à partir du texte). Ceci est particulièrement vrai lorsqu'avec la focalisation interne, la voix du narrateur se faisant plus discrète, le lecteur a l'impression de découvrir « directement » le discours intérieur plus ou moins drôle d'un personnage pourtant sérieux. Ainsi, dans les romans policiers de Fred Vargas, les effets d'humour sont à mettre sur le compte de l'auteur implicite, plutôt que sur celui de certains personnages qui, comme le commissaire Adamsberg, ne font pas spécialement preuve d'humour :

> (3) Adamsberg n'avait jamais compris cette affaire de match. Si cela plaisait à des gars de lancer un ballon dans un but, ce qu'il pouvait très bien comprendre, à quoi bon installer tout exprès une autre bande de gars en face pour vous empêcher de lancer ce ballon dans le but ? Comme s'il n'existait pas, à l'état naturel, assez de gars sur terre qui vous empêchaient sans cesse de lancer vos ballons où cela vous chantait. (F. Vargas, *Dans les bois éternels*, Viviane Hamy, 2006, p. 133) [3]

---

3 Comme nous l'avons montré dans une étude plus approfondie de l'humour chez Fred Vargas (M. D. Vivero García, 2010a), les personnages vargassiens sont des êtres « hors normes » pouvant assumer

De manière générale, pour interpréter un énoncé comme étant humoristique, le récepteur effectif doit pouvoir attribuer l'intention de ne pas parler sérieusement à un sujet pris dans sa dimension discursive, comme producteur à l'origine de l'acte d'humour dans un contexte particulier. Corrélativement, le producteur effectif doit, pour éviter l'échec d'une réception naïve, réussir à faire reconnaître son intention. C'est tout le problème du discours humoristique d'avoir à se signaler comme tel. Même si on peut toujours le faire remarquer après coup (« je plaisantais »), d'habitude les indices discursifs suffisent à révéler la visée : devant l'incohérence ou l'énormité des propos tenus, et toujours par rapport à un certain contexte, on ne peut pas croire que le sujet du discours tel qu'on se le représente, comme locuteur responsable de l'énoncé mais aussi plus globalement dans sa dimension socio-discursive, adhère sérieusement à ce qu'il dit. On lui prête alors une volonté de faire rire ou du moins de faire sourire.

Mais il ne suffit pas de percevoir la visée humoristique d'un propos pour s'en amuser. Cela dépend également de l'état d'esprit du récepteur, qui doit être prêt à partager certains points de vue. D'où le caractère subjectif de l'humour : ce qui fait rire les uns ne fait pas nécessairement rire les autres. Les positions idéologiques du récepteur sont à ce titre déterminantes : comme le notent A.-M. Houdebine & M. Pozas (2006 : 58), elles « interviennent dans la réception [...], dans la reconstruction des effets de discours et de sens [...], et dans le ressenti (plaisir, malaise, sourire, rire jaune, etc.) ». Tout discours humoristique sollicite ainsi la complicité du récepteur effectif et son adhésion au sens construit.

Enfin, la reconnaissance dans ce sens d'une correspondance avec la réalité, telle que la conçoit le récepteur, ajoute au plaisir suscité par la subtilité du jeu humoristique lui-même celui que l'on éprouve quand on reconnaît à l'humour sa part de justesse.

---

sérieusement des propos qui s'écartent des modèles prévisibles. C'est donc, en général, à l'auteur implicite que l'on attribue l'humour.

En somme, la description de l'humour demande à articuler l'instance responsable d'une locution désengagée à l'image que se fait le récepteur d'un producteur effectif ayant l'intention de faire rire (ou sourire), dans un contexte discursif qui rend cette visée acceptable du côté de la réception.

2. Les catégories de procédés humoristiques

C'est à l'intérieur d'un tel cadre descriptif et en prenant le terme « humour » comme une notion qui englobe l'ensemble des procédés propres à faire rire ou sourire, que l'on peut dresser une typologie de ces catégories de procédés. Bien sûr, on ne prend pas en compte l'humour involontaire : un comportement, une situation (la personne qui glisse accidentellement sur une peau de banane) ou même des paroles prononcées sérieusement peuvent, selon le contexte, devenir drôles. On peut réserver le terme de « comique » pour cet humour de situation.

Nous rappellerons rapidement les six catégories que nous utilisons pour aborder ensuite leur articulation [4]. Nous entendons par ironie l'expression d'une appréciation positive ou négative laissant entendre l'appréciation contraire [5], comme dans la chronique de Robert Solé précédemment citée. Nous entendons par grossissement caricatural [6] l'attitude énonciative consistant à exagérer un aspect jugé

4 Sur ces catégories, voir P. Charaudeau (2006 et 2011), M. Fernandez & M. D. Vivero García (2006), A.-M. Houdebine & M. D. Vivero García (2011), S. Huertas (2011), M. D. Vivero García (2006a, 2011c et 2013).

5 Pour une argumentation visant à étayer cette conception étendue de l'ironie, voir P. Charaudeau (2011 : 31-33) et M. D. Vivero García (2011c : 48-49).

6 Nous préférons ici le terme « caricatural » à celui de « sarcastique », utilisé par Charaudeau et par nous-même dans nos précédents travaux, parce que la notion de « sarcasme », dans son emploi courant, est souvent associée à une visée de dénigrement agressif, alors que le grossissement caricatural des traits négatifs est une catégorie qui peut être également liée, comme on va le vérifier ensuite, à une visée purement ludique.

négatif au-delà de ce qu'assume le locuteur. C'est ce qui se produit dans cette autre chronique journalistique :

> (4) Dans l'ordinaire de la vie ordinaire, au quotidien en somme, de la France non pas d'en bas mais de partout, trois nouvelles convergentes. On ferme ou en tout cas, on y réfléchit. Petites maternités. Petites lignes de desserte ferroviaire. Petites et moyennes agences de la Banque de France. On ferme ou pourrait fermer [...] On ferme ! [...] L'histoire récente du pays est faite au niveau local d'une véritable hécatombe, et pour reprendre la métaphore, d'un travail de deuil sur les chers services disparus jamais achevé. Privés comme publics d'ailleurs. Boucheries, on ferme ! Épiceries, on ferme ! Écoles, on ferme ! Bistrots, on ferme ! Bureaux de poste, on ferme ! Gendarmeries, commissariats, perceptions, Caisses d'épargne, on ferme ! […]. Sans parler des villages qui n'auront bientôt plus, pour toute forme extérieure de citoyenneté, que leur mairie pour gérer et leur monument aux morts pour pleurer. (P. Georges, « Proximité », *Le Monde*, 20-2-2003)

Les exclamations et les procédés liés à la répétition marquent une intensité dans l'appréciation négative qui n'est pas sérieusement prise en charge par le locuteur. En effet, la série accumulative des services fermés, rythmée par la réitération de la formule « on ferme ! », crée un effet d'intensité forte dans l'extension d'un phénomène jugé négatif, dont le grossissement caricatural vise à susciter le rire autant que l'esprit critique. La répétition de la modalité exclamative, quant à elle, ajoute au sentiment d'indignation exprimé un degré d'intensité forte, par rapport auquel le journaliste se distancie humoristiquement.

De manière plus ludique, dans le fragment suivant, le chroniqueur dévalue à outrance les résultats de l'équipe de France lors de la Coupe du monde de 2002 et exagère sa propre déception :

> (5) Une catastrophe ! Pas nationale, mais presque. Un grand bouillon amer et triste bu, minute après minute, jusqu'à la dernière goutte [...] Funérailles, quelle triste fin d'une aventure glorieuse ! [...] C'est assez cruel pour qu'en plus nul n'en rajoute trop. C'est même excessivement cruel, presque une

> humiliation, que de quitter la Coupe du monde sans avoir gagné l'esquisse du début d'un espoir de match. (P. Georges, « Aux objets perdus », *Le Monde*, 12-06-2002)

La réitération de termes axiologiquement négatifs, hyperboliques par rapport à la réalité décrite, tels « catastrophe », « humiliation » ou « cruel », dont le potentiel intensif est renforcé par les exclamations et par l'emploi d'adverbes superlatifs, comme « excessivement », l'accumulation enfin de termes soulignant la minceur des résultats, tout cela contribue à accuser le trait, intensifiant l'appréciation axiologiquement négative au-delà de ce qu'assume sérieusement le journaliste.

Quant au jeu parodique, du moins dans son expression verbale [7], il relève pour nous d'un fonctionnement différent des deux autres procédés énonciatifs précédemment décrits (l'ironie et le grossissement du négatif). La parodie repose de manière spécifique sur un effet d'écho laissant voir sous le texte parodique un texte parodié reconnaissable à travers sa déformation. Ainsi en va-t-il de :

> (6) LA CIMAISE ET LA FRACTION
> La cimaise ayant chaponné tout l'éternueur
> se tuba fort dépurative quand la bixacée fut verdie :
> pas un sexué pétrographique morio de moufette ou de verrat […], (Raymond Queneau, *Oulipo, la littérature potentielle*, Paris, Gallimard, 1973, p. 151)

exemple classique de la méthode de S+7, qui consiste, comme chacun sait, à remplacer dans une phrase donnée, les substantifs par le septième qui les suit dans un dictionnaire. Le texte a un effet parodique à condition d'y reconnaître, malgré la transformation, la célèbre fable de La Fontaine [8].

---

7 Sur les problèmes posés par l'intertextualité iconique, voir ici même le travail d'Anne-Marie Houdebine.

8 Le principal étant de produire cet effet d'écho, nous ne faisons pas de différence entre la parodie et le pastiche. Nous partageons ainsi la position de Marcel Bénabou qui, à propos d'une semblable récriture de Jacques Roubard, écrit « pareille démarche relève-t-elle du plagiat, de la parodie ou du pastiche ? J'avoue qu'en tant qu'oulipien, la réponse à une

À ces trois procédés énonciatifs s'ajoutent ceux qui portent sur la façon de représenter le monde selon trois types d'incohérence : l'insolite, la paradoxale et l'absurde. L'incohérence insolite rapproche de façon inattendue des domaines différents. Le fragment de Romain Gary cité plus haut en constitue un bon exemple. En voici un deuxième : une caricature de Berth (*Siné-Hebdo*, 29-07-09) énonce « Grippe A. On a isolé le virus du catastrophisme ambiant... » ; on découvre en dessous, dans le dessin qui représente un virus analysé au microscope, une multitude de petites têtes de Sarkozy. Dans cet exemple, l'insolite vient de la connexion entre la politique et la maladie. Par cette connexion, sont propagés dans l'élément comparé (Sarkozy) le trait /pathogène/, spécifique à 'virus', ainsi que les traits évaluatifs négatifs liés au domaine de la maladie [9].

La deuxième forme d'incohérence, la paradoxale, joue sur les contradictions. Par exemple, la publicité de whisky Chivas :

> (7) Ce n'est pas donné mais c'est souvent offert, (cité dans B. Grunig, 1990 : 99)

simule une contradiction entre « pas donné » et « offert » fondée sur la synonymie entre « donner » et « offrir », alors que l'expression figée « ce n'est pas donné » (« c'est cher ») annule, dans le même temps, cette contradiction.

Enfin, dans l'incohérence absurde, les domaines connectés sont sans rapport, si bien que la connexion ne permet pas de dégager un quelconque élément commun. Nous reprendrons pour illustration :

> (8) Être végétarien n'a jamais empêché d'être cocu. (cité dans G. Genette 2002 : 216)

---

telle question ne me paraît pas avoir grand intérêt » (M. Bénabou, 2004 : 186).

9 Le dessin critique, bien entendu, la politique de Sarkozy et sa responsabilité, ainsi que celle de la Ministre Roselyne Bachelot, dans la façon de mener la campagne de vaccination contre le virus H1N1.

Comme l'explique Genette, « le sel [...] tient à ce qu'il affecte de démentir une prétendue assertion simplement absurde, vu l'écart entre les deux séries en cause, qui exclut toute relation d'incompatibilité ».

3. Formes d'articulation des procédés

Ces différents procédés peuvent se suivre linéairement et être coordonnés entre eux. Ils peuvent aussi être insérés les uns dans les autres en un point quelconque de la séquence « insérante » (relation d'insertion) ou, enfin, se mélanger, selon un rapport de dominant dominé. Comme nous avons eu l'occasion (M. D. Vivero García, 2011c : 50) d'examiner un cas de coordination ironie-hyperbole du négatif (ou ironie-sarcasme, selon la terminologie que nous utilisions alors), puis de parodie enchâssée dans le grossissement du négatif (ou sarcastique, selon cette autre terminologie), nous ne nous arrêterons pas sur ces formes de combinaison. On abordera quelques cas de relation de dominante : le paradoxe et l'insolite caricaturaux et la parodie insolite.

3.1. Le paradoxe caricatural

Prenons les propos d'un électeur dessiné par l'humoriste espagnol Máximo (dessin paru dans le journal *ABC* le 10-05-2011) :

> (9) No sé por quién abstenerme.
> [je ne sais pas pour qui m'abstenir.]

La notion de choix entre plusieurs candidats qu'implique le début de l'énoncé (« je ne sais pas pour qui ») est en contradiction avec l'idée de s'abstenir, qui comporte une volonté de ne pas prendre part au vote, bref de ne pas choisir un candidat. L'interprétation de cet énoncé contradictoire permet de dégager un sens (c'est justement parce qu'il ne sait pas pour qui voter qu'il va s'abstenir), sans pour autant neutraliser totalement le paradoxe, qui transgresse la logique discursive et actantielle. Le paysage totalement vide dessiné autour du personnage évoque l'extrême désolation du paysage électoral et la déroute de l'électeur. Dans ce contexte, le paradoxe est au service du grossissement caricatural : il intensifie la perplexité de l'individu devant l'absence de perspectives politiques.

En effet, dominé par l'exagération caricaturale, le paradoxe peut avoir une valeur intensive, ce que montre très clairement cette plaisanterie [10] :

> (10) Ta mère, elle est tellement pauvre que pour acheter un magnétoscope elle doit vendre le téléviseur. (Arthur, *Ta mère*, Michel Lafon, Paris, 1995)

La propriété dépréciative, quantitativement accentuée par l'adverbe intensif « tellement » dans la première proposition, est corrélée à une consécutive postposée ; celle-ci fonctionne comme une pointe dont le caractère paradoxal contribue à intensifier la pauvreté attribuée, en la portant à un degré qui n'est pas sérieusement pris en charge par le locuteur.

Il en va encore ainsi de ce slogan des « indignés » espagnols :

> (11) Me sobra mucho mes al final del sueldo.
> [Il me reste beaucoup trop de mois à la fin de mon salaire [11].]

Selon une inversion paradoxale, on trouve le mot « salaire » à la place de « mois » (ce qui serait plus cohérent) et on trouve « mois » là où l'enchaînement sur « salaire » serait plus logique ; en outre, on lit « il me reste » là où on s'attendrait à « il me manque » : il me manque beaucoup de salaire à la fin du mois. Et c'est bien ce que laisse entendre le slogan. Mais la formulation paradoxale pousse jusqu'au bout, pour la dénoncer, la logique de la rationalité économique, qui mène à

---

10 W. Labov (1978 : 233) a étudié dans une perspective sociologique ces insultes rituelles à formes canoniques dans la communauté noire américaine des années 1940-1950.

11 C'est-à-dire, il me reste beaucoup trop de mois après avoir dépensé mon salaire.

considérer une fraction du temps de vie en fonction du salaire. Pour interpréter cet énoncé, on est obligé d'effectuer un parcours qui passe par le rétablissement de la logique habituelle, selon laquelle c'est l'argent qui peut être en trop ou en moins par rapport aux besoins de l'individu sur la période d'un mois et non pas le contraire [12].

3.2. L'insolite caricatural

Comme le paradoxe, l'insolite peut faire le jeu du grossissement caricatural. Prenons l'exemple de cette blague :

> (12) Une jeune fille se plaint à son amie :
> — À tous nos rendez-vous, il m'offre des fleurs fanées...
> — Eh bien la prochaine fois, essaye d'arriver à l'heure. (Carambar, dans la série « Mort de rire »)

L'insolite, qui procède du rapprochement entre deux dimensions temporelles, celle des retards à un rendez-vous et celle relative au temps de vie des fleurs, fonctionne au service de l'exagération caricaturale des retards de la jeune fille. L'intensité qualitative suppose un degré de plus que l'intensité quantitative : elle est tellement en retard que les fleurs se fanent.

Prenons cet autre exemple :

> (13) Il pleut ! Il pleut jour et nuit, soir et matin. Il pleut à l'ouest comme à l'est, au nord comme au sud. Il pleut en février, en mars et en avril. Il pleut sauf votre respect comme vache folle qui pisse [...] Qu'est-ce qu'on fait aujourd'hui ? Il pleut. Demain ? Il pleut. Qu'est-ce qu'on mange ? Il pleut. Comment ça va ? Il pleut. Il pleut sur la ville, il pleut sur les campagnes [...] Ah mon bon monsieur, quelle époque que la nôtre ! Un vrai dérèglement climatique, comme il en est des sens, une pluviométrie compulsive, frénétique, record [...] que d'eau, que d'eau ! Et le moral qui va avec, un moral dans les chaussettes [...] et nous voyons venir le moment où, sous les mains expertes des sages-femmes en colère, nos chers petits

---

12 Pour une étude de l'humour dans d'autres slogans politiques, voir M. D. Vivero García (2011d et 2011e).

> naîtront, sages et prévoyants, les pieds palmés. (P. Georges, « Dur comme pluie », *Le Monde*, 11-4-2001)

Aux exclamations emphatiques qui marquent le haut degré dans l'évaluation négative et à la réitération comme procédé d'amplification s'ajoutent des assimilations à valeur intensive. Au début du fragment, la comparaison « comme vache qui pisse » apporte l'idée d'intensité, le groupe nominal représentant, selon un stéréotype culturel (S. Leroy, 2004), le plus haut degré d'intensité de la pluie ; l'introduction d'un nouvel élément qui défige cette comparaison parangon (« comme vache *folle* qui pisse ») augmente, sous l'effet de l'allusion insolite au problème de la vache folle, son potentiel d'intensité et la rend en même temps humoristique. Quant aux autres assimilations, plus elles sont insolites, plus elles intensifient le phénomène météorologique décrit : la formule « pluviométrie compulsive, frénétique » présente une humanisation insolite de ce phénomène, mais c'est surtout le fait bien plus insolite d'imaginer celui-ci comme pouvant entraîner l'évolution de l'espèce humaine qui introduit un écart qualitatif à valeur fortement intensive[13].

Cette forme d'humour qui met l'insolite au service de l'outrance caricaturale, en y ajoutant une forme d'intensité qualitative, est assez fréquente. On en trouve une autre illustration dans ce passage de Mendoza :

> (14) Día 12 [...]
> 16.00 Entro en una boutique. Me compro una corbata. Me la pruebo. Considero que me favorece y me compro noventa y cuatro corbatas iguales.
> 16.30 Entro en una tienda de artículos deportivos. Me compro una linterna, una cantimplora, un camping butagas, una camiseta del Barça, una raqueta de tenis, un equipo completo de wind-surf [...] y treinta pares de zapatillas de jogging.

---

13 Sans être liée à cette intensification, la dimension parodique décelable dans le fragment « Il pleut sur la ville », qui n'est pas sans rappeler le célèbre vers de Verlaine « Il pleure dans mon cœur/comme il pleut sur la ville », ajoute à cette chronique un effet d'humour d'un autre ordre. Sur les questions d'intertextualité littéraire, voir le chapitre 6.

17.00 Entro en una charcutería y me compro setecientos jamones de pata negra.
17.10 Entro en una frutería y me compro medio kilo de zanahorias.
[...]
17.45 Entro en una tienda de electrodomésticos y lo compro todo.
18.00 Entro en una juguetería y me compro un disfraz de indio, ciento doce braguitas de Barbie y un trompo.
18.30 Entro en una bodega y me compro cinco botellas de Baron Mouchoir Moqué del 52 y una garrafa de ocho litros de vino de mesa El Pentateuco.
[...]
19.30 Entro en una perfumería y me compro quince frascos de Eau de Ferum, que acaba de salir.
20.00 Decido que el dinero no da la felicidad, desintegro todo lo que he comprado y continúo caminando con las manos en los bolsillos y el ánimo ligero. (E. Mendoza, *Sin noticias de Gurb*, Barcelona, Seix Barral, 1991, p. 34-35)

[Le 12 [...]
16h00 J'entre dans une boutique. J'achète une cravate. Je l'essaye. Je conclus qu'elle me va bien et j'achète quatre-vingt-quatorze cravates pareilles.
16h30 J'entre dans un magasin d'articles de sport. J'achète une lanterne, un bidon, un camping-gaz, un tee-shirt du Barça, le club olympique de Barcelone, une raquette de tennis, un équipement complet de planche à voile [...] et trente paires de chaussures de jogging.
17h00 J'entre dans une charcuterie et j'achète sept cents jambons fumés.
17h10 J'entre chez un marchand de fruits et légumes, et j'achète une livre de carottes.
[...]
17h45 J'entre dans un magasin d'électroménager et j'achète tout.
18h00 J'entre dans un magasin de jouets et j'achète un déguisement d'Indien, cent douze petites culottes de poupée Barbie et une toupie.
18h30 J'entre chez un marchand de vin, et j'achète cinq bouteilles de Baron Mouchoir Moqué 1952 et une dame-jeanne de huit litres de vin de table Le Pentateuque.
[...]

> 19h30 J'entre dans une parfumerie et j'achète quinze flacons d'Eau de Ferum [14], la dernière nouveauté.
> 20h00 Je décide que l'argent ne fait pas le bonheur, je désintègre tout ce que j'ai acheté, et je continue ma promenade les mains dans les poches et le cœur léger. (E. Mendoza, *Sans nouvelles de Gurb*, Le Seuil, 1994, p. 26-27)]

Dans cette caricature de la consommation débridée, l'effet intensificateur, créé par l'accumulation et par la réitération, est accentué par l'insolite qui provient tant de l'hétérodoxie des achats que de leur caractère disproportionné, le plus cohérent parmi eux, celui d'une livre de carottes, devenant lui-même insolite par rapport aux autres. Plus localement, le paradoxe – la décision de désintégrer tous ces objets sitôt acquis – est également au service de l'exagération caricaturale. L'humour chez Mendoza surgit souvent, comme dans le passage cité, des contrastes insolites [15], qui contribuent en général à intensifier le grossissement caricatural.

En effet, paradoxe et insolite s'associent parfois dans des contextes dominés par l'outrance caricaturale. Dès lors, si insolites ou paradoxales soient-elles, ces incohérences sont interprétées en dernier ressort comme hyperboliques, l'écart qualitatif qu'elles introduisent par rapport à l'ordinaire étant ainsi en quelque sorte réduit à un écart quantitatif.

L'analyse contrastive de l'humour dans les contextes espagnol et français, en particulier l'étude d'un corpus de chroniques journalistes parues dans trois journaux espagnols

---

14 Je tiens à remercier Montserrat Cots d'avoir attiré mon attention sur le fait que « ferum » signifie, en catalan, « forte odeur dégagée par certains animaux, par la viande ou par d'autres substances quand elles commencent à pourrir » (Pompeu Fabra, *Diccionari General de la Llengua Catalana*, « olor forta que fan certs animals ; que fan la carn i altres substàncies quan comencen a passar-se. Fer ferum ») ; cela ajoute ici un paradoxe, qui est aussi facteur d'humour.

15 Montserrat Cots étudie ici même (chapitre 6) le contraste que produisent les collages interdiscursifs. Selon nous, ce qui les rend humoristiques est plus de l'ordre de l'insolite que de celui de la parodie, procédé qui propose au lecteur un jeu de reconnaissance, même si, comme nous le verrons dans la section 3.3., la dimension parodique peut à son tour être au service de l'insolite.

et dans trois journaux français entre 2000 et 2002, nous a permis de dégager un certain nombre de régularités. Sans revenir sur le détail de la démonstration (M. D. Vivero García, 2010c et 2011a), nous reprendrons les conclusions principales : le grossissement des traits négatifs de la réalité est plus fréquent dans le contexte espagnol que dans le français, où l'attitude énonciative ironique reste très importante ; dans le corpus espagnol, cette hyperbole du négatif apparaît en général associée à l'insolite, qu'elle domine, donnant lieu à l'insolite caricatural, forme d'humour particulière, à laquelle ont abondamment recours également les romanciers contemporains espagnols (A.-M. Houdebine & M. D. Vivero García, 2011 : 201 et M. D. Vivero García, 2011c).

3.3. La parodie insolite

Nous aborderons, enfin, de manière un peu plus rapide, une troisième forme d'humour, la parodie insolite, illustrée par ce fragment de Garréta :

> (15) [...] Ne craignez-vous pas qu'à ce régime, la misère ne finisse par dépérir, disparaître de la surface du globe ? [...]
> — Vous m'effrayez, mon amour. La perspective d'une crise de la charité faute de débouchés me fait frémir. La philanthropie faisant banqueroute : sombre, sombre conjecture ! La bienfaisance à bon marché, faut-il vous le démontrer, est aussi nécessaire à nos sociétés que le baril de pétrole à prix modique, et plus encore, peut-être. Songez que la bonne volonté frôle la surcapacité [...] que la surproduction guette les intentions charitables. Imaginez maintenant que nos marchés traditionnels se ferment ou viennent pour une raison ou une autre – saturation, annihilation, résorption – à disparaître, que l'offre du même coup surpasse infiniment la demande. Le marasme serait sans précédent !
> — Nous en sommes à ce point de dépendance ?
> — [...] La preuve en est que nous sommes forcés déjà de nous replier sur notre marché intérieur : n'avez-vous point remarqué ces hordes de clodos d'un nouveau genre, répandues sur les trottoirs de nos grandes capitales ? (A. Garréta, *Pour*

en finir avec le genre humain, Paris, François Bourin, 1987, 96-98)

On laissera de côté le paradoxe qu'il y a à considérer les donneurs comme dépendant des miséreux [16], pour nous centrer sur la dimension parodique de cet extrait, qui reproduit en le décontextualisant, c'est-à-dire en l'appliquant au domaine moral de la charité, un discours économique libéral structuré. Cette parodie, par le contraste qu'elle produit entre les deux domaines différents ainsi rapprochés, renforce l'insolite global qui provient de la façon d'envisager la charité comme s'il s'agissait d'un marché mondial quelconque. Ainsi que nous l'avons montré dans une étude consacrée à Anne Garréta (M. D. Vivero García, 2011b), l'humour de cette oulipienne se nourrit, en tout premier lieu, des jeux intertextuels. Sa pratique ostentatoire de l'intertextualité répond, en général, à une entreprise ludique de déconstruction de l'effet de vraisemblance et de réel, qui vise à dénoncer les conventions littéraires [17] autant qu'à critiquer, plus globalement, l'ordre social et politique post-moderne.

Nous citerons un deuxième exemple qui nous semble représentatif en ce qui concerne l'articulation de la parodie sur l'insolite. Le roman de Jean-Marie Laclavetine intitulé *Demain la veille* présente des fragments comme le suivant, dominé par cette forme d'humour (le protagoniste Noah, qui

---

16 Ce procédé est ici coordonné à l'insolite.

17 Pour une étude de la façon dont une forme semblable d'humour, à forte composante parodique, sert à débusquer, dans les *Caves du Vatican* de Gide, tous les stéréotypes, ceux de la moralité bourgeoise bien-pensante, tout d'abord, mais également les conventions littéraires destinées à parer de crédibilité le récit, voir M. D. Vivero García (2008 et 2010b). Voir aussi M. D. Vivero García (2006b), qui analyse la manière dont une description de Flaubert parvient également, par des procédés différents, à faire apparaître l'assemblage tout en entretenant l'illusion fictionnelle. Enfin, sur ce même type d'effets méta-fictionnels, voir M. D. Vivero García (2001 : 144-149), qui étudie la façon dont ils réaffirment la nature de la réalité esthétique dans une description du roman de Benito Pérez Galdós *Doña Perfecta*.

appartient à une espèce des hominidés du paléolithique supérieur, possède le langage et l'apprend à son jeune compagnon Bonté-Même ; celui-ci n'est pas dupe des dangers que la généralisation du langage risque d'entraîner) :

> (16) On accordera le pouvoir non pas au plus puissant, au plus courageux des guerriers, mais au plus beau parleur, lequel mènera les siens au massacre, comme tout chef se doit de le faire – non sans les avoir fait vivre dans le mensonge, non sans les avoir abreuvés de discours creux et de promesses fallacieuses [...] Le choix du chef ne se fera plus à l'occasion de combats singuliers ou de meurtres brutaux, mais à la suite d'interminables palabres, de parades spectaculaires. Après le règne de la brute épaisse, viendra celui de l'hypocrite séducteur, qui promettra treize aurochs à la douzaine, des framboises en hiver...
> — Et de reloger les sans-caverne, acquiesçait Noah. (J.-M. Laclavetine, *Demain la veille*, Paris, Gallimard, 1995, p. 99)

Dans ce contexte dominé par les anachronismes insolites, la parodie du discours commerçant (« treize à la douzaine ») et d'un mot d'ordre actuel (« reloger les sans-abris ») a pour effet de renforcer l'insolite qu'il y a à transposer dans le contexte du paléolithique supérieur et de la mentalité des hommes qui l'habitent des raisonnements et des facultés discursives qui, manifestement, ne leur correspondent pas.

Sans vouloir faire de généralisations abusives, et en attendant de vérifier nos hypothèses par l'analyse d'autres romans, il semble qu'une tendance à la parodie des discours dominants caractérise l'humour de bon nombre de romans français actuels [18]. Cette tendance apparaît d'autant plus nettement qu'elle tranche sur la prédominance, dans l'humour espagnol, aussi bien dans les romans que dans les chroniques journalistiques, de l'outrance caricaturale des aspects négatifs de la cible, en général renforcée par des incohérences insolites et paradoxales à valeur intensive, qui ajoutent une forme d'intensité qualitative plus forte que l'intensité quantitative.

---

18 Le corpus que nous avons analysé est constitué de romans français et espagnols publiés après 1985.

Conclusion

Nous avons essayé de montrer la pertinence de la prise en compte, dans la description de l'humour, des paramètres relatifs au contexte de production et de réception, en particulier ceux qui relèvent du genre discursif en tant que pratique socialement réglée. Nous avons tenté ensuite de décrire certaines formes hétérogènes d'humour. Parmi elles, nous avons insisté sur l'insolite et le paradoxe caricaturaux pour mettre en évidence la valeur intensive de ces deux types d'incohérence et nous avons ouvert la réflexion sur la parodie insolite. On peut formuler l'hypothèse que cette troisième forme d'humour, plus allusive que les deux précédentes, serait fréquente dans le contexte français, alors que dans l'espagnol dominerait plutôt l'outrance caricaturale du négatif.

Il est évident qu'en analysant ces trois formes d'articulation l'on ne prétend pas à l'exhaustivité descriptive, mais nous espérons avoir montré l'intérêt de se doter de catégories simples bien définies, situées à l'intérieur d'un cadre descriptif général de l'humour, comme condition d'aborder les formes hétérogènes qui résultent de leurs combinaisons dans les différents contextes culturels.

Chapitre 6. Intertextualité, interdiscursivité et ressources humoristiques : Anne Garréta et Eduardo Mendoza

Par Montserrat COTS VICENTE
Universitat Pompeu Fabra de Barcelone
montserrat.cots@upf.edu

La production romanesque de la postmodernité se caractérise, autant en France qu'en Espagne, par le recours à une série de mécanismes textuels qui s'écartent manifestement du romanesque traditionnel ou de celui qu'on pourrait qualifier de « moderne ». Parmi les traits pertinents d'une écriture postmoderne, les critiques s'accordent sur le rôle essentiel joué par l'ironie, l'humour distancié et la parodie (G. Tyras, 1996 : 9). Pour L. Hutcheon (1985) également, la postmodernité a fait de la parodie une stratégie dominante. Corrélativement, en Espagne, il a été remarqué que l'esthétique postmoderne « cita formas previas para ponerlas en entredicho y desconfirmarlas. La ironía y la parodia son los procedimientos retóricos preferidos en esa empresa de deconstrucción de un pasado que se considera como no vital e inválido » (G. Navajas, 1996 : 27). J'ai choisi d'étudier deux fictions que l'on peut classer sous l'étiquette de la postmodernité, l'une française, *Pour en finir avec le genre humain* (1987) d'Anne Garréta et l'autre espagnole, *Sin noticias de Gurb* (1991) d'Eduardo Mendoza, pour faire une analyse comparative des procédés textuels utilisés.

1. L'intertextualité garrétienne

Anne Garréta, normalienne, auteur d'une thèse sur les fins de romans dans la littérature française des XVIIe et XVIIIe siècles et professeure à la Duke University, a une solide érudition en philosophie et en littérature, qui affleure dans sa création littéraire. Des « jeux intertextuels » ont été repérés et commentés par différents spécialistes, jeux qui « ne peuvent qu'augmenter le plaisir du lecteur qui y reconnaît d'autres lectures » (M. D. Vivero García, 2011b : 86). Le fait qu'Anne Garréta appartienne au groupe de l'Oulipo n'est sans doute pas sans rapport avec son goût pour cette pratique que d'autres oulipiens ont utilisée avant elle : « Georges Perec, pour ne nommer que le plus célèbre, affirme avoir inclus dans son roman *La vie mode d'emploi* des citations provenant de plus de 30 auteurs différents » (D. Raymond, 2009 : 61).

Son livre *Pour en finir avec le genre humain* présente la forme d'un dialogue entre deux interlocuteurs anonymes, dont aucun indice ne permet de connaître le sexe. L'auteur avait déjà effacé les marques de genre dans son premier roman, *Sphinx* (1986), qui allie des prises de position de la *queer theory* au goût pour une écriture à contraintes formelles de l'Oulipo. En dépit de l'anonymat, la personnalité de ces deux interlocuteurs se dessine tout au long de leurs interventions : un premier interlocuteur, appelons-le « A », tient le plus long discours, parle en maître et en connaisseur et, même avec « le quart de siècle à peine atteint » (p. 47) [1], A « sait tout » (p. 58) et montre sa supériorité d'un ton de persiflage railleur : « vous ne devinez pas ? Il faut que je vous mâche tout » (p. 74). Anne Garréta est plus explicite sur certains détails du deuxième interlocuteur, appelons-le « B », originaire d'Amérique du Nord, et dont la situation paraît aisée, sa famille ayant eu dans le passé une « villa en Toscane » (p. 60). B a « peu de certitudes », pourtant sa personnalité s'affirme progressivement. On décèle un certain badinage amoureux entre ces deux personnages à en juger par les formules d'interpellation « mon amour », « mon ange », propres au roman précieux du XVIIe siècle ou au roman érotique du dix-huitième. On se souvient sans doute du début de la célèbre lettre de rupture des *Liaisons dangereuses* :

---

1 Notre édition de référence est A. Garréta, *Pour en finir avec le genre humain*, Paris, Éditions François Bourin, 1987.

« On s'ennuie de tout, mon Ange » (P.A. Ch. de Laclos, *Œuvres complètes*, Paris, Gallimard, 1979, p. 1379), appellatif dont Laurent Versini (1968) rappelle la tradition et l'usage.

Ce ton de marivaudage léger entre les interlocuteurs tout au long du roman contraste avec la dénonciation agressive, voire caustique, de la condition humaine d'aujourd'hui, atteinte de surpopulation, soumise à des pratiques médicales insensées, le tout mêlé à des exercices de bonne conscience hypocrites et frauduleux. Dans ce contexte de critique sociale, *Pour en finir avec le genre humain* a souvent recours à l'intertextualité. On peut tout d'abord se demander si celle-ci a des effets comiques. D'après N. R. Norrick, l'humour intertextuel dépend de la capacité du récepteur à reconnaître le texte repris ; cela marquerait justement la différence entre l'humour intertextuel et la parodie, dont la source est manifestement connue « and allies the audience with the performer in aggression against some third part » (N. R. Norrick, 1989 : 117). Avec le jeu intertextuel, en revanche, le lecteur doit faire un exercice de reconnaissance du texte source : « telling jokes leads to solidarity precisely because passing the tests they pose shows shared background knowledge and group membership. » (N. R. Norrick, 1989 : 121). Essayons de retrouver les textes source de l'intertextualité garrétienne.

L'importance accordée par Garréta à la pratique intertextuelle est manifeste dès l'incipit du roman, qui s'ouvre sur deux vers liminaires empruntés au poème baudelairien « L'amour et le crâne » (texte inspiré d'une gravure de Goltzius), dans lequel le poète évoque la domination universelle de l'amour : « Ce jeu féroce et ridicule,/Quand doit-il finir ? ». Ces deux vers expriment la plainte de l'humanité sous la domination de l'amour. Mais, très vite, Garréta montre ironiquement les résultats dévastateurs de cet amour :

> — Il y a aujourd'hui, dit-on, cinq milliards d'humains sur cette terre. On prétend que ce sont nos semblables…

> — Cinq milliards…
> — Oui, […] Grouillant sous le soleil, suant, gueulant, pissant, écumant, cinq milliards de carcasses… (p. 11)

La visée comique du texte, décelable dans la série de participes présents qui suggère une accumulation hyperbolique d'actions simultanées, devient plus évidente lorsque A rappelle ensuite les hasards de la fécondation à travers l'image des spermatozoïdes représentés comme des créatures demandant grâce à Dieu :

> — […] À l'instant fatal, un parmi ces millions d'autres possibles emporta le morceau : bingo microscopique, vous voici, me voilà. Songez, mon amour : un parmi cent millions ! […]
> — *De Profundis*…
> — *De profundis*, comme vous le dites si bien, pour les milliards de nos petits frères et petites sœurs qui jamais ne prirent corps… (p. 15)

Il s'agit du Psaume 130 (*De profundis clamavi ad te, Domine*), qui exprime le désarroi de la créature humaine faisant appel à Dieu et lui demandant grâce [2]. Dans ce nouveau contexte évocateur du sort des spermatozoïdes soumis à un « bingo microscopique », la référence au Psaume accentue le ton railleur du fragment et le renchérit par le contraste frappant et par le caractère insolite du rapprochement.

Placé à la fin du roman, le testament du personnage A, qui parle au nom du « genre humain », est intéressant à maints égards. D'une part, il peut être lu comme une parodie du discours très codifié des dispositions testamentaires : « je soussigné », « sain de corps et d'esprit », « je désire tester », « toutes les propriétés foncières, meubles et immeubles dont j'ai pu jouir de ma vie durant en vertu d'un contrat de mariage établi sous le régime de la communauté, sont remises

---

2 Un semblable désarroi est exprimé par Oscar Wilde dans la lettre *Epistola : In Carcere et Vinculis*, qu'il adresse à Alfred Douglas dans la prison de Reading Gaol ; cette lettre a été publiée posthumément en 1905, par Robert Ross, sous le titre *De Profundis*.

à… ». D'autre part, du point de vue intertextuel, sans doute peut-on y déceler la tradition des testaments satiriques de la littérature médiévale où le cocasse réside dans la disproportion entre la situation funèbre et la chose léguée :

> 1. Aux mouches, je lègue droit de butinage sur toute l'étendue de ma charogne sise sur les terres émergées.
> 2. Aux vers, je lègue droit de pâturage sur toute l'étendue de ladite charogne [...]. (p. 157)

François Villon (*Le Testament* LXXXVI, 841-843) fait allusion aux vers qui ne trouveront pas grand-chose dans sa dépouille :

> Item, mon corps j'ordonne et laisse
> A nostre grant mere la terre ;
> Les vers n'y trouveront grant gresse

Néanmoins dans l'ensemble du livre, c'est la littérature du Grand Siècle qui fournit le plus grand nombre d'intertextes. Le roman de Garréta ciblant, parmi ses multiples dénonciations, la condition humaine, il n'y a rien d'étonnant à ce que la voix de Pascal se fasse entendre à travers l'une de ses *Pensées* les plus connues, « le silence éternel de ces espaces infinis m'effraie » :

> — Il est vrai qu'une fois assuré de l'immortalité, le genre humain cesserait peut-être de s'effrayer du silence des espaces infinis. On pourrait envisager sans présomption des voyages à quelques milliers d'années-lumière. (p. 45)

Le titre du texte source est parfois explicité ; c'est le cas du *Petit Chaperon Rouge*, que l'on cite pour souligner la crédulité de B :

> — […] Faut-il aussi vous raconter des contes pour enfants ? Le petit chaperon rouge… Et la bobinette cherra [3] ! Du verbe choir… (p. 86)

Le comique découle, dans ce fragment, de la spécification de l'infinitif de la forme verbale vieillie *cherra* du verbe défectif *choir* [4].

La contestation de l'ordre social dominant vise, chez Garréta, non seulement les institutions et la politique mais aussi les médias et la façon dont ils insensibilisent aux meurtres et aux massacres des populations. À propos, par exemple, d'un vieillard tué dans une fusillade, « négligeons un vieillard qui passait par là (qu'allait-il faire dans de tels courants d'air ?) » (p. 67), l'ironie apparaît, tout d'abord, dans le ton de banalisation feinte. Une certaine distance énonciative se fait sentir, également, à travers le jeu intertextuel de reprise d'une expression qui vient des *Fourberies de Scapin* de Molière : il s'agit de la scène sept de l'acte deux (l'une des plus comiques), dans laquelle Scarpin fait croire à Géronte que son fils Léandre est retenu dans la galère d'un Turc et que celui-ci demande une rançon de cinq cents écus pour lui rendre la liberté. Le leitmotiv que Géronte va répéter jusqu'à sept fois dans ladite scène, « que diable allait-il faire dans cette galère ? » est devenu une locution courante [5].

Dénonciation sur dénonciation, une des plus osées du roman est sans doute l'accusation des abus pédophiles des administrateurs de l'Unicef :

> — [...] ces mêmes administrateurs qui recueillaient pieusement les deniers […] – ah ! le duel éternel de l'esprit et de la chair – avaient un bas-ventre ! Qui l'eût cru ? (p. 87)

---

3 « Le Loup lui cria en adoucissant une peu sa voix: 'Tire la chevillette, la bobinette cherra' », Charles Perrault, *Le Petit Chaperon Rouge,* dans *Contes*, Paris, Garnier, 1967, p.114.

4 Littré conseille d'utiliser la forme du futur « choira » plutôt que « cherra » en alléguant qu'il « faut autant que possible résister à ces désuétudes mal fondées qui frappent certains mots ».

5 Littré lui attribue le sens de « pourquoi est-il allé se mêler à ces gens-là, s'entremettre de cette affaire mauvaise, périlleuse ? » (Littré, s. v. *galère*)

L'ironie culmine dans cette question au plus-que-parfait du subjonctif, par laquelle le locuteur feint sa surprise devant une telle éventualité. On y reconnaît, en même temps, le propos adressé à Œnone par Phèdre qui, dans la scène six de l'acte quatre de la tragédie de Racine, ne peut pas imaginer un Hippolyte amoureux.

Un intertexte qui ne laisse pas de doute sur l'érudition de Garréta est celui des deux premiers vers du douzième sonnet du recueil *Sonnets de la mort* de Jean de Sponde : « Tout s'enfle contre moi, tout m'assaut, tout me tente, et le Monde et la chair… » (p. 129). Ce poème baroque présente un être désabusé de la philosophie, des vices et du siècle face à un monde de puissances malignes, comme l'interlocuteur A, qui finit son réquisitoire par l'exclamation « Foutu genre humain ! » (p.129). L'écart entre les deux registres langagiers produit un effet comique indubitable.

Mais le Grand Siècle n'est pas la seule source de l'intertextualité garrétienne. La maxime « il était écrit là-haut », si répétée par Diderot dans *Jacques le Fataliste et son maître* pour mettre en cause le possible et la contingence, est banalisée et tournée en dérision dès qu'elle rentre dans le contexte du roman : « il était écrit là-haut que je devrais cracher ma valda » (p. 71) ; le contraste est frappant entre la dimension philosophique de la phrase et le registre populaire de l'expression « cracher sa valda ». Le même procédé est employé dans les dernières pages du roman quand la lucidité de A diagnostique : « Vous voyez qu'il n'y a pas d'issue » (p. 139). Dans cette sombre situation, le premier vers du sonnet de Mallarmé *Brise Marine*, « La chair est triste, hélas ! et j'ai lu tous les livres », par un détournement de sens, devient une plaisanterie cocasse : « La chair est triste, mais il vous reste Jules Verne à lire… » (p. 140).

Pour ce qui est de la littérature du XXe siècle, Anne Garréta trouve chez Céline certaines affinités : aigreur dans la dénonciation, langage populaire voire argotique et surtout une utilisation du comique intégrant l'humour noir, l'ironie, le burlesque et la truculence. Dans *Pour en finir avec le genre humain*, plane non seulement l'ombre de Céline (*Bagatelles pour un massacre*), mais aussi celle de son chat, Bébert, un des chats littéraires les plus célèbres, qui avait partagé la vie de Céline et de sa femme en exil :

> — […] Il n'y a pas un assassinat, pas un massacre un peu croustillant qui nous soit épargné…
> — Bagatelles…
> — Mon ange ! Dois-je vous rappeler que ce mot…
> — Eh ! Personne ne nous écoute ! Voyez, rue déserte, pas un chat à l'horizon. Bébert dort d'un sommeil éternel… (p. 66)

Le premier vers du *Cimetière marin*, « Ce toit tranquille, où marchent des colombes » est détourné et sert à décrire les Buttes-Chaumont, créant, comme dans d'autres exemples précédemment étudiés, un contraste frappant avec son nouveau contexte :

> — Quant aux Buttes-Chaumont, petit parc tranquille où marchent les colombes, […], c'est un repaire de sadiques et exhibitionnistes de tous poils. (p. 52)

Parfois, les jeux intertextuels enchaînent sur des jeux sémantiques, comme dans cette reprise du titre de Céline, *Mort à crédit* : « Vente d'organes, location d'organes, bientôt leasing… Mort à crédit toujours mais en plus, le vivant à crédit… » (p.114).

Les réseaux intertextuels s'étendent aussi au domaine de la philosophie. Très souvent, A fait appel à la formule des *Argumenta* de Zénon d'Elée « de deux choses l'une » pour donner une apparence de rigueur à son discours. Ce discours malthusien ne décourage toutefois pas son interlocuteur, qui y répond en faisant appel à la *Critique de la raison pratique* d'Emmanuel Kant :

> — Calculez donc : une expansion géométrique et cumulative !
> — Bah ! Le ciel étoilé au-dessus de nos têtes… On pourrait peut-être envoyer des cargos d'immortels coloniser l'univers ? (p. 45)

La célébrissime phrase kantienne « Le ciel étoilé au-dessus de nos têtes et la loi morale dans mon cœur » (épitaphe inscrite sur la tombe de Kant : « Il n'y a que deux choses immuables et éternelles : le ciel étoilé au-dessus de nos têtes et la loi morale au fond de nos cœurs ») dans ce nouveau contexte, précédée de l'interjection « Bah ! » à valeur dépréciative et dysphorique, perd sa dimension philosophique.

A la fin de ce parcours, il apparaît que l'intertextualité qu'on pourrait qualifier de littéraire ou d'érudite joue un rôle crucial dans la fiction de Garréta. On peut cependant se demander si les intertextes sont suffisamment identifiables par le lecteur, ceci étant la condition nécessaire, comme nous l'avons souligné, pour que l'intertextualité puisse être considérée comme humoristique (H. F. Plett, 1991).

On peut trouver, par ailleurs, dans le texte garrétien, une panoplie d'autres intertextes tirés de discours très différents, qui relèvent de ce que M. Angenot (1983 : 128) appelle « le discours social » ; on reconnaît, parmi eux, une reprise de *La Marseillaise* (« L'heure de gloire soit passée », p. 54), une imitation de la publicité du beaujolais (« L'humanisme nouveau est arrivé », p. 101), une parodie du langage des mathématiques (« Puissance deux, puis quatre… », p. 63), de la parole du médecin (« tirez la langue et faites ha ! », p. 83), du latin savant (*in principium*, p. 33, *primo*, 39, *conatus*, p. 44) et bien d'autres.

Dans ce vaste réseau intertextuel, l'intertextualité littéraire domine et apparaît comme plus ironique que celle des discours sociaux, du fait du contraste qu'elle introduit entre différents registres langagiers.

2. L'interdiscursivité chez Mendoza

La création romanesque d'Eduardo Mendoza est sans doute bien différente de celle d'Anne Garréta, mais les deux auteurs s'inscrivent, pour ce qui est de certains procédés narratifs, sous l'étiquette de la postmodernité. Dès sa parution en 1975, le premier roman de Mendoza, *La verdad sobre el caso Savolta*, avait été qualifié par la critique de roman postmoderne. Jacques Soubeyroux y remarque l'inclusion de fragments très hétérogènes et note que les « références ne sont [...] pas de nature historique, mais intertextuelle, ce qui paraît être un trait dominant de l'esthétique postmoderne » (J. Soubeyroux, 1996 : 147).

Le récit qui fait l'objet de notre étude, *Sin noticias de Gurb*, n'a pas la complexité narrative de *La verdad sobre el caso Savolta.* Dans la préface, l'auteur le qualifie de « libro excéntrico » (livre excentrique) et rappelle qu'il est né d'une commande du quotidien *El País*, où il est d'abord publié, avant d'être légèrement remanié pour son apparition sous forme de livre. Mendoza le définit comme un « relato de humor » (récit d'humour). Le noyau de l'intrigue est le suivant : un extraterrestre, le narrateur, atterrit avec son coéquipier Gurb dans une Barcelone sens dessus dessous, qui se prépare pour les Jeux Olympiques. Dès leur atterrissage, Gurb disparaît et le narrateur devra le chercher, ce qu'il fera tout en observant la ville tel un nouveau persan, mais encore plus étranger que le personnage de Montesquieu du fait de sa condition d'extraterrestre. Le livre adopte la forme d'un journal, dans lequel l'extraterrestre note scrupuleusement ses observations.

Mendoza construit une dimension ludique et enjouée du récit, pratiquant ce que S. J. Perelman a appelé « kindly humor » (L. Feinberg, 1978 : 22), c'est-à-dire, un humour sans aigreur ni animosité, ce qui n'empêche pas la dénonciation sociale : la bourgeoisie de Barcelone vit « naturellement » dans les beaux quartiers, alors que les petits vieux passent l'été sur une place, abandonnés de leurs familles qui sont parties en croisière. L'humour prend également pour cible le genre littéraire du journal lui-même, pour subvertir ses conventions. De ce point de vue, on peut considérer ce roman comme une version parodique d'une tradition littéraire (D. Knutson, 1999 : 94).

Comme la parodie, le collage est un procédé caractéristique de l'éclectisme postmoderne. La tradition romanesque en présente des prototypes tels que *Ulysse*, *Manhattan Transfer* ou *Berlin Alexanderplatz.* Le collage crée une hétérogénéité discursive (S. Yurkievich, 1994 : 115) en insérant des fragments d'autres discours. Il donne lieu à une forme d'interdiscursivité, au sens de Tomás Albadalejo, c'est-à-dire comme interrelation et interaction entre différents discours concrets ou entre différents types de discours (T. Albadalejo, 2005 : 28). Ce mécanisme est susceptible de conférer un ton humoristique au récit et de déclencher le rire du lecteur. Dans *Sin noticias de Gurb*, Mendoza a souvent recours à ce procédé. Mais, à la différence d'Anne Garréta, Mendoza emprunte à des pratiques discursives courantes et facilement identifiables par le lecteur. Nous en proposons, dans ce qui suit, un inventaire, en les classant sur trois niveaux : celui de l'oralité, celui de l'écrit et celui du discours social.

Parmi les premiers, les rapports météorologiques constituent un code langagier parfaitement stéréotypé dans toutes les langues, l'information qu'on en attend portant toujours sur les mêmes éléments, sur les mêmes phénomènes. Mendoza intercale jusqu'à sept rapports météorologiques (p. 18, 21, 46, 51, 59, 69, 137) [6], qui en général ne sont pas justifiés par l'intrigue. La répétition et la décontextualisation en font voir le stéréotype, le figé, « le mécanique plaqué sur du vivant », au dire de Bergson, ce qui rend comique le procédé :

> Temperatura, 20 grados centígrados ; humedad relativa, 64 por ciento ; vientos flojos de componente sur ; estado de la mar, llana. (p. 18)
>
> [Température, 20 degrés centigrades ; humidité relative, 64% ; vents faibles de secteur sud ; état de la mer, calme ». (p. 12) [7]]

Il y a du figé aussi dans les conversations téléphoniques, surtout quand des interférences, comme celles que provoquent les ondes magnétiques de l'extraterrestre, empêchent

---

6 Notre édition de référence est Eduardo Mendoza, *Sin noticias de Gurb*, Barcelona, Seix Barral, 2010.

7 Pour la traduction française, notre édition de référence est Eduardo Mendoza, *Sans nouvelles de Gurb*, Paris, Le Seuil, 1994, traduit par François Maspero.

de s'entendre. Dans le fragment suivant, le présentateur d'une émission de radio tente de donner la parole à une auditrice, la mésentente devenant alors l'objet principal de la conversation :

> — ¿ Desde dónde nos llama, señora Cargols ?
> — Desde Sant Joan Despí.
> — ¿ Desde dónde dice ?
> — Desde Sant Joan Despí. Desde Sant Joan Despí. ¿ Que no me oye ?
> — Parece que tenemos un pequeño problema de recepción [...], señora Cargols. ¿ Nos oye usted bien ?
> — ¿ Cómo dice ?
> — Digo que si nos oye bien. ¿ Señora Cargols ?
> — Diga, diga. Yo le escucho muy bien.
> — ¿ Me oye, señora Cargols ? [...]. (p.19)
>
> [— D'où nous appelez-vous, madame Gargols ?
> — De Sant Joan Despí.
> — D'où ça ?
> — De Saint Joan Despí. De Sant Joan Despí. Vous ne m'entendez pas ?
> — On dirait que nous avons un petit problème de réception [...], madame Cargols. Vous nous entendez bien ?
> — Qu'est-ce que vous dites ?
> — Je dis : est-ce que vous nous entendez bien. Madame Cargols ?
> — Oui, Oui. Je vous entends très bien.
> — Vous m'entendez, madame Gargols ? (p. 12-13)]

Les chansons intercalées dans le récit constituent encore une forme d'interdiscursivité [8] ; celle qu'invente le narrateur est une imitation d'une de ces chansons à grand succès, vides de contenu, qui ne font que répéter inlassablement le même refrain : « enróllate tío » (p. 60) (« vas-y, mec », p.50) [9].

---

8 Sur le rôle des chansons dans le roman, on peut consulter l'article de F.Z. Chiali-Lalaoui (2009), à propos de l'utilisation de « Ne me quitte pas » de Brel dans le roman de Muriel Robin intitulé *La Lettre*.

9 Par contre, la formule empruntée à Yves Montand, « Si vous avez peur » (p. 134) constitue un hommage sérieux qu'Eduardo Mendoza rend à la chanson française.

De manière semblable, Mendoza introduit des écrits très stéréotypés, comme les annonces de ventes immobilières, dont le langage se caractérise par les abréviations : « vivienda unifamiliar adosada, calef. 3 dorm. 2 bñs. Terraza. Piscina comunit. 2 plzs. Pkng. Máximas facilidades » (p. 15) («appartement familial, dupl., chauf. centr., liv., 3 ch., 2 s. de b., cuis. Terrasse. Piscine ds imm. Pkg. 2 pl. Facil. crédit max.», p. 9). Il en va encore ainsi de la carte de visite professionnelle, dont la forme extrêmement figée (au niveau de la typographie, de la disposition et du contenu) est subvertie de manière insolite : l'extraterrestre en reçoit une d'un pauvre homme qu'il rencontre dans un cachot et dont le nom fait déjà sourire, car en catalan « Pencas » (écrit *penques*) signifie « avoir du culot » :

> JETULIO PENCAS
> Agente mendicante
> Se echa el tarot, se toca el violín, se da pena
> Servicio callejero y a domicilio. (p. 25)
>
> [JETULIO PENCAS
> Mendiant diplômé
> Tire les cartes, joue du violon, travail soigné
> Sur la voie publique et à domicile. (p. 18)]

Alors que le nom « agente » (agent) est suivi normalement, dans ce contexte, de l'adjectif « commercial », il est ici associé à un autre adjectif : « mendicante » (« agent mendiant », traduit dans le texte français par « mendiant diplômé ») ; parmi les activités que Jetulio Pencas annonce, outre celles de tirer les cartes et de jouer du violon, se trouve celle de faire pitié (« se da pena », ce qui a été remplacé, dans le texte français, par la formule usuelle de « travail soigné ») ; enfin, à côté du terme courant « servicio a domicilio », on trouve « servicio callejero » (« sur la voie publique »), tout aussi insolite que l'ensemble de cette carte.

Le genre épistolaire a été jusqu'à une époque récente une des formes de l'écrit les plus réglées par des conventions. Laurent Versini rappelle que « l'art épistolaire était aussi matière d'enseignement dans les collèges, comme en témoigne, entre autres, un *Traité élémentaire du genre épistolaire* de 1781 » (L. Versini, 1968 : 234). Le narrateur en connaîtra toute la difficulté quand, amoureux de sa voisine, il s'efforce de lui écrire une déclaration d'amour qui est, en même temps, un autoportrait. Il s'agit d'une parodie de celle d'un soupirant d'une autre époque, où les qualités personnelles de l'aspirant sont suivies d'une liste hétéroclite de ses goûts, avec des précisions incongrues, comme lorsqu'il dit aimer « cracher loin » :

> Mi adorable vecina :
> Soy joven y de aspecto agraciado ; romántico y cariñoso. Tengo una buena posición económica y soy muy serio para las cosas serias (pero me gusta divertirme). Me encanta (además de los churros) viajar en metro, lustrarme los zapatos, mirar escaparates, escupir lejos y las chicas. Aborrezco la verdura [...], lavarme los dientes, escribir postales y oír la radio. Creo que podría ser un buen marido (llegado el caso) y un buen padre (tengo mucha paciencia con los niños). ¿Te gustaría conocerme mejor ? Te espero a las 9.30. Habrá comida (gratuita) y bebidas. Hablaremos de lo que te he dicho y de otros asuntillos, ji, ji. R.S.V.P. Estoy por tus huesos ». (p. 95)
>
> [Adorable voisine,
> Je suis jeune et d'aspect agréable, romantique et affectueux. J'ai une bonne situation économique et je suis très sérieux pour les choses sérieuses (mais j'aime m'amuser). J'aime aussi (outre les beignets), voyager en métro, cirer les chaussures, faire du lèche-vitrines, cracher loin et les jolies femmes. Je déteste les légumes cuits [...], me laver les dents, écrire des cartes postales et écouter la radio. Je crois que je pourrais faire un bon mari (le cas échéant) et un bon père (j'ai beaucoup de patience avec les enfants). Veux-tu me connaître mieux ? Je t'attends à neuf heures et demie. Il y aura de quoi manger (gratuitement) et de quoi boire. Nous parlerons de ce que je viens de te dire et d'autres petites choses, hé ! hé ! R.S.V.P. Je t'attends avec impatience. (p.81)]

Pour accentuer la portée humoristique de cette lettre, l'auteur joue sur l'opposition de registres langagiers : le sigle protocolaire en français « R.S.V.P » (répondez s'il vous plaît) contraste avec l'expression « estoy por tus huesos » (je suis accro de toi, je suis morgane de toi, remplacé dans la traduction française par « Je t'attends avec impatience ») et avec le mot « asuntillos », diminutif moqueur de *asunto*, affaire un peu louche, qui suggère dans ce contexte la possibilité d'une liaison (traduit, dans le texte français par « d'autres petites choses »). L'imitation phonique du rire (« hé ! hé ! »), quant à elle, atténue la portée de la proposition et suggère une connivence insolite. La lettre, jugée finalement insatisfaisante par le narrateur, sera déchirée ainsi que les deux autres qui vont suivre.

D'un ton bien différent sont les lettres que glissent sous la porte du narrateur les demoiselles d'une maison close :

> Hola, titi. ¿Quieres pasarlo chupi guay ?
> Pues, si eres solvente, ven a vernos.
> Máximo confort y discreción.
> Ambiente selecto. Venta y alquiler de vídeos.
> Carretera de Pedralbes s/n (a 5 minutos de Up & Down). (p.102)
>
> [Bonjour, chéri. Tu veux passer un bon moment ?
> Alors, si tu as de quoi, viens nous voir.
> Confort maximum et discrétion assurée.
> Ambiance raffinée. Vente et location de vidéos.
> Route de Pedralbes, s. n° (à cinq minutes de Up & Down. (p. 88)]

On y remarque la reprise des clichés publicitaires (confort, discrétion, ambiance sélecte) et l'emprunt à un registre langagier familier ou populaire (« pasarlo chupi guay », qu'il faudrait, à notre avis, traduire plutôt par « passer un moment cool »).

Citons enfin, parmi ces collages, l'inclusion de ce qu'on peut appeler des « discours sociaux » issus de contextes divers : le menu d'un restaurant (p. 119, p.131), des bribes d'une leçon d'anglais pour un business man (p. 112) ou le slogan « I love you », avec un cœur peint, transformé par Mendoza en un insolite « I love MI SUEGRA » (p.105) (I love ma belle-mère).

En guise de conclusion, nous pouvons dire qu'Anne Garréta et Eduardo Mendoza créent, dans les textes étudiés, une hétérogénéité à visée humoristique. D'après Bakhtine, le roman humoristique est le genre par excellence où se manifeste l'hybridation du discours (M. Bakhtine, 1978 : 128). *Pour en finir avec le genre humain* présente une intertextualité « classique » (une « mosaïque de citations »), selon J. Kristeva (1969 : 85) qui, par l'introduction de la voix d'autrui, permet aux deux interlocuteurs de prendre de la distance vis-à-vis des horreurs évoquées, en créant des effets humoristiques, proches de l'humour noir lorsqu'il s'agit d'une condition humaine aux abois. Par une voie différente, mais intégrant aussi des paroles hétérogènes, Mendoza a recours au collage de discours stéréotypés et par conséquent facilement identifiables, qui sont en général parodiés. Intertextualité et interdiscursivité enrichissent la narration postmoderne, qui intègre aussi bien le déjà écrit littéraire que des fragments codés et stéréotypés de discours sociaux. Les deux auteurs élargissent ainsi le champ des possibilités narratives et en assurent la vitalité à partir d'un travail de textualisation humoristique de l'hétérogène qui joue sur les frontières discursives.

Chapitre 7. Frontières du paradoxe argumentatif chez Anne Garréta et Lydie Salvaire

Par Anne-Marie PAILLET
École Normale Supérieure de Paris
anne-marie.paillet@ens.fr

L'ironie me semble reposer sur deux caractéristiques essentielles : la feinte adhésion du locuteur ironique à un discours actualisé ou à un point de vue, et la distanciation, forcément implicite, qu'elle propose. Cette notion de feinte adhésion permet d'englober à la fois la conception de l'ironie comme paradoxe argumentatif selon A. Berrendonner, et la notion de polyphonie selon O. Ducrot. Il s'agit alors de montrer quel parti le texte littéraire peut tirer des formes de paradoxe argumentatif, lorsqu'elles sont fondées notamment sur l'éloge paradoxal. On comparera deux textes et deux auteures très différents, quant au genre et à l'organisation textuelle, mais qui ont en commun le principe ironique paradoxal de valorisation de la misère humaine : *Pour en finir avec le genre humain*, d'Anne Garréta, et *Les Belles Âmes* de Lydie Salvayre [1]. La logique paradoxale de l'ironie est exhibée dans le statut argumentatif du texte de Garréta, un plaidoyer pour la destruction du genre humain. Lié au genre dialogal (parodiant les dialogues philosophiques du XVIIIe siècle) et à une rhétorique de la persuasion, le texte produit une hyper-cohésion argumentative, qui s'achève sur le testament du monde léguant sa charogne. Dans *Les Belles Âmes*, la dynamique narrative suit le principe d'un « voyage organisé » dans l'Europe de la misère, mais on assiste aux aléas du voyage en groupe et à la perte progressive d'un

1 Lydie Salvayre, émigrée espagnole, issue d'un milieu modeste, est devenue psychiatre, à Marseille. Garréta est normalienne, d'un milieu parisien aisé. Nous nous référons aux éditions suivantes : *Les Belles Âmes* (*BA*), « Points », Paris, Le Seuil, 2000, et *Pour en finir avec le genre humain* (*PEF*), Paris, Éditions François Bourin, 1987.

enthousiasme initial. S'opère alors un délitement narratif soldé par l'inachèvement du récit : « le bus est en rade au beau milieu d'une aire d'autoroute ». Les enjeux référentiels de l'ironie diffèrent également dans ces deux œuvres : chez Garréta, prôner la destruction du genre humain n'est pas seulement un paradoxe énonciatif, mais une atteinte au principe vital, une forme d'adynaton ; la logique paradoxale implique une absurdité référentielle, de l'ordre de l'humour noir, – pas étonnant que Swift s'inscrive comme référence dans le texte [2] – que l'on pourrait comparer à l'injonction paradoxale du dessin de Sempé, « Soyons moins », pancarte brandie au milieu d'un foule de manifestants.

La logique paradoxale est moins absurde chez Salvayre, la fiction du car de touristes confronté à la misère des banlieues restant plausible, quoique surprenante. Enfin, en ce qui concerne le dispositif énonciatif, le mode de dénonciation ironique par un point de vue unique, chez Garréta, s'oppose à une confrontation de points de vue fondée sur un clivage social chez Salvayre : s'affrontent alors deux sociologies de l'ironie et deux types d'écriture [3]. Il s'agirait alors d'opposer à un paradoxe voyant, exprimé directement et de manière systématique, la déclinaison indirecte et polyphonique du paradoxe dans la fiction de Salvayre, forme d'ironie plus complexe, jouant sur la multiplicité des cibles et n'excluant pas l'autodérision.

---

2 Swift proposait que l'on mange les bébés anglais comme solution contre le marasme.

3 « J'aime la littérature des XVIIe et XVIIIe siècles parce que la division disciplinaire entre la littérature et la philosophie, entre la narrativité et les idées n'y est pas encore accomplie. Parce que c'est stériliser la littérature que de la cantonner dans les limites d'une pure intrigue narrative. » (Entretien avec Frédéric Grolleau, 1er septembre 1999.

1. Le paradoxe argumentatif : éloge paradoxal et contre-topos

Le genre de l'éloge paradoxal [4] est un lieu privilégié pour l'analyse de l'ironie comme paradoxe argumentatif. Nos deux œuvres, à y bien regarder, relèvent d'une forme d'éloge paradoxal. Chez Garréta, l'éloge de la disparition de l'humanité fonde une série d'éloges corollaires, éloges des moyens de destruction comme les maladies, les guerres, la pauvreté [5]. L'ironie consiste à feindre cet éloge pour mieux dénoncer l'inhumanité du monde. Le feint éloge a donc son envers, le blâme paradoxal du progrès médical, de la charité, de la culture, bref des valeurs humanitaires. Dans *Les Belles Âmes*, l'éloge paradoxal de la pauvreté se fait indirectement, par le biais d'un discours valorisant la misère comme but touristique.

Comment se combinent alors paradoxe ironique et éloge paradoxal ? Selon Berrendonner, dans l'ironie, l'énoncé s'oriente vers une conclusion *p*, tandis que l'énonciation (celle du locuteur ironique) s'oriente vers une conclusion *non p*. L'exemple de cette question orientée le montre bien, qui feint de demander une confirmation :

> (1) La mer [...] On peut vivre sans. On peut vivre sans mer ni rêve de la mer, [...] sans foudre, ni envol, ni baiser, ni tempête, on peut vivre sans rien et tout de même vivre. Slogan qui invite à l'optimisme et autorise tous les espoirs, non ? (*BA*, 36)

---

4 P. Dandrey rappelle, dans *L'éloge paradoxal de Gorgias à Molière*, quatre types définis dans la rhétorique ancienne (distribution héritée de l'éloquence judiciaire) : les *endoxa*, éloges normaux ; les *adoxa*, éloges qui s'attachent aux objets méprisables ; les *amphidoxa* (où il y a du bien et du mal) et les *paradoxa*, qui infirment l'opinion courante.

5 On a même ponctuellement un équivalent chez Salvayre, faisant évoquer par l'accompagnateur, « sur un ton d'ironie rageuse », « l'application d'une prophylaxie hyper-efficace sur les gens des cités ». « On pourrait leur arracher les ongles [...] Ou, *mieux encore*, les laisser crever. Habilement. Les techniques ne manquent pas. Parfaitement éprouvées, depuis des siècles ». (*BA*, 116)

On pourrait citer en dehors de la littérature un excellent exemple de convergence entre éloge paradoxal et inversion argumentative, le sketch « La cigarette »[6] de Gad Elmaleh, éloge de la fumée et des fumeurs, qui repose sur ce processus d'inversion argumentative :

> (2) Je suis tellement content, c'est fait j'ai réussi à commencer. […] comment j'ai fait pour commencer la cigarette, y a un mot : la volonté ok !

avec des jeux de substitution par l'antonyme ou par la négation (le sketch se termine sur : « J'ai la volonté de *ne pas* arrêter »). L'éloge paradoxal peut être ou ludique ou polémique, ce qui me semble rejoindre le partage entre humour proprement dit et ironie. Dans l'éloge humoristique, il n'y a pas vraiment de cible, ou plutôt elle est multiple : fumeurs et non-fumeurs sont renvoyés dos-à-dos, tandis que dans l'éloge ironique, il s'agit d'un éloge feint qui se retourne contre son objet, en blâme.

Le paradoxe argumentatif peut reposer sur l'inversion d'un topos argumentatif, que j'appellerai contre-topos. On peut s'appuyer ici sur la notion d'échelles co-orientées d'Anscombre et Ducrot[7]. Chez Salvayre, la logique scalaire figure dans le programme même du voyage « organisé » :

> (3) Il est à préciser que Real Voyages, l'agence qui organise ce périple à travers l'Europe des démunis, a prévu un programme à la fois vertical et longitudinal. Le programme longitudinal consiste à présenter aux touristes un échantillonnage varié autant qu'exhaustif des différents spécimens de pauvres. Quant au programme vertical, il conseille d'y aller progressif : d'abord les pauvres présentables, puis les moins présentables, puis les encore moins présentables, jusqu'aux derniers des derniers, jusqu'aux épaves dont la seule vision vous dégoûte de vivre. (*BA*, 12)

---

6 Spectacle « La vie normale », TF1 vidéo.

7 Voir J.-C. Anscombre *et alii.* (1995). Le topos argumentatif, thèse dont la validité est censée reconnue, fonde l'orientation argumentative d'un énoncé, notamment sous la forme d'échelles co-orientées (*plus ... plus)*.

Or la logique d'attraction qui préside à tout voyage touristique prend le contrepied du topos argumentatif : « plus il y a de la misère, pire c'est », en suggérant le contre-topos : « plus c'est miséreux, mieux c'est ». Le paradoxe n'est pas posé *a priori*, c'est le point de vue touristique qui crée, en valorisant le but du voyage, une dynamique paradoxale, en acte ; cette dynamique finit d'ailleurs par s'inverser, de l'enthousiasme au découragement : nouveau processus ironique, révélant les failles de l'altruisme.

Chez Garréta, il est plus difficile de dégager une dynamique scalaire, mais le discours réinjecte du gradable dans la notion de disparition, ou dans celle des méfaits de l'atome :

> (4) Vous craindriez vous aussi la disparition de l'espèce ?
> – Loin de là ! Ce qui m'inquiète c'est que la chose ne soit pas assez radicale ! Vous entendez ? Que l'apocalypse foire ! Qu'on se contente de demi-mesures ... (*PEF*, 131)

> (5) L'atome est tout juste bon à empoisonner nos salades, nos océans, l'air que nous respirons... Il nous incommode, certes, mais pas assez encore ! (*PEF*, 146)

Quant aux indices du paradoxe argumentatif, fondé sur l'implicite d'une feinte adhésion, on peut noter d'abord la négation :

> (6) Odile Boiffard [...] s'avoue fort déçue par ce qu'elle découvre. Ni voitures incendiées. Ni cabines téléphoniques saccagées. Ni tags sur les murs. Rien. Qu'une trentaine de blocs ternes de part et d'autre d'une autoroute. C'est d'un banal. (*BA*, 13)

La négation joue ici sur « les signes extérieurs de misère », et sur la forme converse du topos « moins il y a de la misère, moins bien c'est »[8]. La quantification joue également sur l'inversion des échelles :

---

8 Sur les « formes converses » du topos argumentatif, voir O. Ducrot (1995).

> (7) Melle Faulkichner est en proie à une exaltation égalitaire qui va durer ce que durent les roses : au moins deux bonnes journées. (*BA*, 34)

Au moins et *bonnes* feignent d'orienter l'énoncé vers les grandes quantités, alors qu'il s'agit d'une faible durée. S'ajoute le feint éloge de « l'exaltation égalitaire », qui critique la bonne conscience bourgeoise et le bénéfice narcissique d'une compassion de surface. Quant aux comparaisons, on citera l'exemple de Garréta :

> (8) Médecins dans l'ornière, médecins de l'immonde [...] Par pleins charters ils s'envolent vers des cieux plus souffrants. (*PEF*, 100)

S'ajoute au paradoxe argumentatif, qui valorise la souffrance, le cliché *cieux plus cléments*, auquel se substitue le terme inversement orienté *souffrants*.

D'autre part, Garréta fait jouer de nombreuses appréciations paradoxales, avec des verbes comme *craindre*, *espérer*, qui réorientent de manière négative la disparition de la misère :

> (9) Ne craignez-vous pas qu'à ce régime, la misère ne finisse par dépérir, disparaître de la surface du globe ? (*PEF*, 96)

> (10) Je n'imagine pas sans effroi le jour où les pauvres et les déshérités viendront à manquer. (*PEF*, 99)

Le contre-topos « plus il y a de la misère, mieux c'est » s'infère aussi lexicalement de verbes comme *dépérir* ou *manquer*, qui réévaluent la misère comme indispensable. De même dans l'assertion « l'espérance de vie s'est dramatiquement allongée en l'espace de deux siècles à peine » (*PEF*, 33), l'emploi de l'adverbe *dramatiquement* permet d'inférer le contre-topos : « moins on vit longtemps, mieux c'est ».

Autre déclinaison du paradoxe argumentatif, l'antonymie, par juxtaposition : « humain ne diffère en rien d'inhumain »

(*PEF*, 138), ou par substitution, ce qui sollicite la connivence du destinataire amené à restituer le terme sous-jacent :

> (11) Fait à Paris, en l'an de disgrâce 1987. (*PEF*, 158)

> (12) Parlons à présent de Lafeuillade. [...] Qui est un homme d'affaires. Dont le bien mal acquis profite énormément. Ses affaires marchent du feu du diable (*BA*, 55)

Les jeux lexicaux peuvent également faire coexister deux orientations contradictoires, notamment ceux qui reposent sur les homophonies avec *médecins du monde* et *médecins sans frontières* (« médecins de l'immonde », « médecins dans l'ornière ») ; ou encore, plus compact, le mot-valise dénonçant les « pédophilanthropes » bruxellois (*PEF*, 19). On peut également citer l'anadiplose, figure de répétition avec relance thématique, l'ironie se faisant ici plus ludique :

> (13) Delfosse [...] se demande plutôt si l'accompagnateur n'appartiendrait pas (voix chuchotée) à l'un de ces groupes d'extrême droite très agissants dans les zones sensibles. Sensibles à quoi, nous ne le saurons pas. (*BA*, 132)

La coexistence de termes contrairement orientés, subvertissant une évaluation endoxale, se lit également dans les oxymores. Soit le nom positivement orienté est contrarié par une caractérisation négative, comme « pitié vomitive » :

> (14) Ils leur foutent le bourdon. Avec leurs singeries (Jason). Et leur crécelle grandiloquente (l'accompagnateur). Et leur pitié vomitive (le chauffeur). (*BA*, 124)

soit le nom dépréciatif est caractérisé par un adjectif orienté positivement dans un discours endoxal, ce qui discrédite par exemple la notion d'humanitaire, par contagion lexicale :

> (15) Ils exècrent [...] leurs élans charitables obscènement brandis et les pâmoisons humanitaires dans lesquels, très complaisamment, ils tombent. (*BA*, 125)

Les gloses et les reformulations relèvent également du paradoxe argumentatif :

> (16) Mme Joubert tend un billet de 100 francs à Jason. Mme Joubert a le cœur sur la main, c'est-à-dire bien en vue. (*BA*, 48)

> (17) Charité dites-vous ? Poubelle oui. (*PEF*, 98)

On notera enfin cet exemple frappant d'une inversion argumentative entre un énoncé et son explicitation :

> (18) Il expose le projet grandiose du reality tour. Lequel ne consiste en rien de moins, dit-il, que développer le sens de l'équité et de la justice sociale chez tous ceux dont les conditions de vie malfaisantes (à savoir : enfance choyée, confort immobilier, harmonie familiale, plein emploi assuré et actions à la hausse) ont entravé l'essor naturel. (*BA*, 86)

Salvayre joue clairement sur le contre-topos : « moins les conditions sociales sont bonnes, mieux c'est ». À l'inversion globale s'ajoute l'inversion paradigmatique des lieux communs de la plaidoirie pour un pauvre (famille éclatée, chômage, misère), l'expression « enfance choyée » se substituant à *enfance maltraitée*. En outre, l'énoncé présuppose la bonté naturelle de l'homme, présupposition sur laquelle s'exerce aussi l'ironie ; le contre-topos conforte un stéréotype lui-même mis en difficulté (l'ensemble n'est pas forcément pris en charge par la narratrice, témoin l'incise du *dit-il*).

Ces nombreux indices montrent bien que le paradoxe argumentatif fonctionne pleinement dans notre corpus : mais comment s'opèrent justement ces inversions de l'échelle argumentative ? On fera l'hypothèse qu'elles sont créées par un changement des normes et des critères évaluatifs fondant le discours endoxal, l'ironie feignant alors de prendre en charge ces nouveaux critères. Pour reprendre deux exemples célèbres, l'éloge ironique de la guerre par Voltaire dans le chapitre 3 de *Candide* feint de prendre en charge un point de vue esthétique ; celui de l'esclavage des nègres, par Montesquieu, le critère de l'utile. Du coup, le paradoxe argumentatif met en conflit deux systèmes d'évaluation. Ce glissement des critères permet dès lors de passer de l'éloge paradoxal de la pauvreté au blâme paradoxal d'une valeur cruciale de l'occident chrétien : la charité, point commun entre Garréta et Salvayre. Le changement de critère s'articule autour de la rentabilité, médiatique ou non, du spectacle de la misère :

> (19) Il suffit qu'on vous emballe la souffrance chic et choc, qu'on la clippe vidéo, diffuse aux heures de grande audience et c'est le jackpot ! (*PEF*, 98)

Ce point est beaucoup plus développé dans *Les Belles Âmes*, où la misère des banlieues est valorisée comme objet exotique et source d'émotions narcissiques :

> (20) Les touristes, pour l'instant, ne veulent rien manquer du spectacle affriolant de la misère. Pour des esprits éclairés, la misère est en effet la meilleure des épices. Elle fouette l'esprit. [...] Je le répète au risque de lasser. Mais certaines vérités, paraît-il, gagnent à être ressassées. (*BA*, 45)

La valeur touristique ici posée est ailleurs présupposée et développée de manière indirecte, avec la syllepse du « sac (poubelle) », ponctuant le récit des misères de Mme Guitou :

> (21) Elle vide son sac (poubelle). Les touristes sont bien contents de trouver tous ces déchets. (*BA*, 33)

et qui subvertit la métaphore culinaire des « épices », des détails « croustillants ». Se trouvent ainsi renouvelés de manière ironique les clichés du voyage ; aux « curiosités » (« Toutes ces curiosités auxquelles on vient d'assister sont éminemment psychotoniques »), se trouve associé plaisamment le cliché des « souvenirs de voyage », rapportés des cités :

> (22) On pourrait envisager une start-up qui s'attelle à concevoir des tee-shirts brodés *nique ta mère*, des compils de rap insurrectionnel, des tags montés sur cadre alu, et autres pittoresques souvenirs. (*BA*, 37)

L'antéposition de *pittoresques* (caractérisation présupposante et stéréotypée) est bien ici indice d'ironie [9].

Autre critère permettant une inversion des échelles argumentatives, la misère est valorisée par l'émotion narcissique qu'elle procure, et ces « plaisirs altruistes » qui constituent « des passe-temps délicieux » (*BA*, 34). Ainsi, le récit des misères de Mme Guitou est ponctué par un cliché de carnet de voyage : « Moment d'émotion. Inoubliable ». La misère comme prétexte d'une valorisation de l'*ego* se substitue alors subtilement au jugement axiologique altruiste :

> (23) [...] transpirante de compassion envers les damnés de la terre, avec une prédilection pour ceux des contrées reculées, et plus elles sont reculées, mieux cela vaut, Odile B. clame sans répit transparence et authenticité, mots prononcés à raison de sept fois par semaine [...] Odile tomberait à coup sûr dans la mélancolie si elle n'avait sa réserve de requins, suborneurs voraces et abuseurs de bien qui lui sont, chaque jour, prétexte à trompettades. En l'absence de coupables officiels, lui reste le recours de s'indigner contre son propre époux. Mais avouons qu'il est moins sublime de s'indigner contre le propriétaire foncier de vos fesses que contre l'incommensurable et toujours recommencée ignominie du genre humain. (*BA*, 75)

On lit ici la formulation explicite d'un topos : « et plus elles sont reculées, mieux cela vaut... » : le verbe *valoir* tend vers une valorisation de l'ego, et dénonce un faux altruisme. Mais contrairement aux exemples précédents, ce topos argumentatif n'est pas un contre-topos ; l'ironie ne s'appuie pas sur une inversion argumentative, mais feint d'adhérer aux critères d'un point de vue bourgeois, en faisant jouer des implicitations : « plus c'est éloigné, plus c'est exotique ou valorisant », mais aussi : « moins on est directement concerné ». Quant au terme de *prédilection*, de l'ordre du goût, il est peu compatible avec celui de la charité ; il entre dans le feint éloge des « belles âmes », de la bonne conscience (définie comme « plus value » par Anne Garréta, p. 98), et de la

---

9 Voir A.-M. Paillet, 2009.

fausse compassion narcissique. Enfin, le discours sublime est suspecté ici comme sublimation de l'*ego*.

Comparons enfin la manière dont nos auteurs exploitent un paradoxe reposant sur l'isotopie financière :

> (24) Un certain nombre d'entre eux (des touristes) décident, du reste, de ne pas bouger du bus. Leur budget compassion est bouclé. (*BA*, 101)

> (25) La perspective d'une crise de la charité faute de débouchés me fait frémir [...] Imaginez [...] que l'offre du même coup surpasse infiniment la demande. Le marasme serait sans précédent ! (*PEF*, 97)

L'exemple de Garréta (25) joue à la fois sur une substitution et une inversion : le marasme n'est plus la pauvreté mais le manque de pauvreté, la charité n'est plus un moyen mais une fin en soi. Alors qu'en (24), le choc des domaines sémantiques alliant pauvreté et monde capitaliste du tourisme est uniquement figural, sans rapport direct au référent, les deux domaines ne sont pas convoqués en (25) seulement par métaphore, mais aussi dans leur valeur référentielle : la charité a réellement un enjeu économique, elle fait persister les injustices. Pire, elle est malfaisante (les pédophiles caritatifs ont une belle âme, et « aussi un bas-ventre », écrit Garréta, p. 87). L'inversion argumentative n'est plus feinte, elle est assumée. Tandis que chez Salvayre semble subsister un idéal de charité au-delà de sa subversion, Garréta l'attaque dans son fondement même.

On posera donc quelques limites à la conception de l'ironie comme inversion argumentative : le locuteur ironique peut adhérer à l'énoncé littéral qu'il profère, ce qui s'inverse, c'est le topos sous-jacent à cet énoncé, conforme à la doxa [10]. L'énonciateur ironique assume le contre-topos polémique et c'est l'énoncé attendu qui est contrecarré, non l'énoncé

---

10 Dans une perspective logique, R. Martin (1992a : 237-274) envisage les cas où l'énoncé ironique ne signifie pas le contraire du discours littéral, mais d'une opinion sous-jacente. Nous enrichissons cette approche par celle de l'analyse argumentative.

proféré : c'est ce qui se passe chez Garréta dans ce paradoxe : « humain ne diffère en rien d'inhumain » (*PE*, 138), ou dans un ensemble d'énoncés qui se paraphrasent en « la bienfaisance est malfaisante, la charité tue ». Donc, dans l'éloge paradoxal ironique, on peut valider un contre-topos.

D'autre part, l'énoncé ironique ne livre pas forcément comme vérité une opinion contraire à un énoncé mis à distance, qu'il soit explicite ou sous-jacent. L'éloge polyphonique de Salvayre dénonce autrement que le pamphlet de Garréta. Le paradoxe argumentatif direct chez Garréta est lié à une inversion ; tandis que le paradoxe énonciatif, indirect, de Salvayre semble lié plutôt à une subversion, qui propose moins l'inversion d'un topos (« plus on est charitable, mieux c'est ») que sa dégradation insidieuse en contexte, celui de la fausse compassion.

2. À la frontière des points de vue : le paradoxe comme polyphonie

C'est à cette déclinaison indirecte du paradoxe, à sa mise en récit, plus riche que son expression un peu trop systématique et démonstrative chez Garréta, qu'on s'attachera maintenant. Le paradoxe, dans le récit de Salvayre, se fait polyphonique. A cet égard le titre, *Les Belles Âmes*, est à la fois antiphrastique, indiquant la mesquinerie, le manque d'altruisme véritable, et polyphonique, exprimant une feinte adhésion au point de vue bien-pensant. La misère est doublement exhibée, dans le projet touristique, et dans le discours narratorial, mais l'objet est bien de montrer aussi comment les bourgeois réagissent à cette monstration. La subtilité polyphonique de l'éloge paradoxal est également liée à la pluralité des points de vue dans le groupe de touristes : l'intérêt bourgeois pour la pauvreté est diversement motivé et nuancé selon les catégories socio-professionnelles – humanitarisme militant, désir d'émotions nouvelles, recherche d'un sujet de roman, ou encore « penchant machiavélique pour les infortunés de la terre », « jouissance glauque de leur abaissement ? » (56).

Quant à « l'accompagnateur apostolique », ancien séminariste, ses élans lyriques sont également mis à distance, mais par qui ? Par le groupe, ou par la narratrice ? [11]

Le conflit des points de vue rejoint alors un clivage social. L'exotisme de la misère a son symétrique, l'exotisme du XVIe arrondissement selon le point de vue populaire représenté par le chauffeur de bus, qui génère également ses clichés, caniches, soie et perles :

> (26) Qu'est-ce qu'ils lui trouvent à sa cité ? […] Enfant, il a vécu une expérience analogue à celle des touristes aisés, mais inversée en quelque sorte. Le dimanche, sa mère l'emmène en promenade dans le seizième. Et ils restent là, des heures et des heures, à bader ébahis les immeubles bourgeois, à imaginer entre leurs murs des fortunes heureuses, des vies de rêve, comblées de soie, de perles, de caniches, [...]. Or la cité des sables, pour en revenir à elle, le chauffeur la connaît sur le bout des doigts. Et la voit telle quelle. Tout du moins il le pense. Ce qui l'incite assez peu à broder. (*BA*, 85)

Opposant ces points de vue populaires et bourgeois, l'auteure ne prend pas parti : l'ironie les renvoie dos-à-dos, en se contentant de pointer le clivage social. Aucune empathie ne semble se dessiner, sauf pour le personnage d'Olympe, (« parler au nom d'Olympe… avec la certitude présomptueuse de ma légitimité », dit-elle page 52) – dans l'une de ces interventions d'auteur, où l'ironie se fait plutôt autodérision : on opposerait alors à l'ironie dénonciatrice, un humour comme mise en scène de soi, la mise en avant d'un *ethos* d'écrivain décalé l'emportant sur le contenu décalé des propos.

L'autoréflexivité de l'œuvre conduit en tout cas à des formes très innovantes de polyphonie (tandis qu'elle débouche sur une simple parodie, mais sans effet véritablement

---

11 « Je pressens le déclin de l'Europe et le froid à venir, déclame-t-il, ça le reprend. […] Car l'Europe impensée, l'Europe crucifiée, l'Europe de la honte […] l'Europe qui meurt librement de misère dans une Europe libre, …» (97-98). On note ici un pastiche de la rhétorique gaullienne.

créateur pour Garréta). On recensera surtout des formes originales d'attribution différée des discours rapportés, notamment par les parenthèses, les bribes de discours direct libre non attribuées, ainsi que les nombreux décrochages énonciatifs : adjonctions, hyperbates, et surtout un usage inédit de l'alinéa, au statut très particulier. Ces formes produisent toutes des zones de flou dans l'attribution des discours et des points de vue, dans la distinction entre personnage et voix narratoriale, entre discours collectif et individu ; sont également délicates à cerner les frontières entre l'ironie, qui se dissocie de sa cible, et crée une connivence de type « externe », et l'humour, incorporant dans la cible énonciateur et destinataire, avec ce qu'on peut appeler une « connivence interne ».

Certains clivages énonciatifs sont nets, le discours étant clairement assignable au personnage ou au narrateur. Le discours indirect libre peut refléter l'*ethos* populaire, avec contamination d'ordre lexical et phonique :

> (27) Dieu merci, il y a *Les feux de l'amour*. Qu'elle ne louperait pour rien au monde. Sauf circonstance exceptionnelle. Comme celle d'aujourd'hui : la venue très attendue des touristes aisés [...] avec qui elle est très contente de faire un brin de causette. Ca fait une distraction. Toujours d'attaque pour rien foutre, lui lance Jason. Mme Guitou se renfrogne. Qu'il ferait mieux de se regarder. (*BA*, 31)

La forme elliptique de discours indirect en – *que* n'est pas réservée au seul discours populaire :

> (28) Mais c'est compter sans Odile B. Laquelle, puissamment motivée et torturée d'idéal social (elle s'est rechargée dans la nuit), n'est absolument pas de cet avis. [...] Que l'on peut tout de même supporter dans le long cours d'une vie, une petite saison en enfer ! (*BA*, 101)

L'ironie narratoriale se distingue du point de vue du personnage bourgeois : en effet, la minimisation de *petite* saison en enfer contraste de manière ironique avec la radicalité de l'expression rimbaldienne.

Parfois, le décalage se fait voyant entre l'*ethos* du personnage et ce qu'on peut appeler un *ethos* narratorial, qui se constitue autour de marques de littérarité ; ainsi du commentaire humoristique décalé par rapport au langage du banlieusard Jason et le mot récurrent d'*enculé* : « C'est pour lui, entre autres choses, une question de métrique » (*BA*, 71). Dans le récit de la visite à Mme Guitou, la distinction est si marquée qu'elle se fait parodique :

> (29) Est-ce que son fils Kevin pourra la tirer plus tard de ce merdier ? (...) Mais la vie il pourra pas la redoubler. Il fera la carrière de son père : salaud et profiteur de femmes. Ainsi parlent les mères dans le désespoir des cités. (*BA*, 32)

Les indices de la distance narratoriale, jouant sur un *ethos* littéraire, se lisent clairement dans la mise en série des pluriels, la postposition du sujet, et la forme substantive abstraite « le désespoir des cités », en un discours parodiant Nietzsche. Mais l'ironie, visant une cible définie, ne fonctionne plus : elle conduit à une forme d'humour qui se distancie à la fois des deux postures opposées.

Les frontières énonciatives sont souvent plus difficiles à cerner. Ainsi, le glissement du discours indirect libre au discours direct libre peut brouiller point de vue bourgeois et populaire :

> (30) Si Mme Guitou lisait *Gloria*, elle saurait comment élever ses enfants selon les principes modernes. Mais voilà, *Gloria* coûte quinze francs. Et mettre quinze balles dans un magazine, vous n'y pensez pas ! le prix d'un beef ! (*BA,* 35)

Les décrochages syntaxiques et énonciatifs marquent une certaine discordance entre voix du personnage et voix narratoriale, qu'il s'agisse d'une fausse clôture en hyperbate :

> (31) Elle commence à avoir du métier et sait pincer quand il le faut la corde sensible. Laquelle est directement reliée au portefeuille. (*BA*, 33)

ou de l'adjonction entre parenthèses :

(32) La pauvreté c'est comme l'alcool, il ne faut pas en abuser, fait Lafeuillade à Défosse, qui pouffe. (Autre point commun : à dose massive, elle anéantit). (*BA*, 105)

Mais la distinction entre les voix est ici moins évidente. On peut penser que la lourdeur de l'humour bourgeois, en discours direct, est ensuite corrigée par l'ironie narratoriale de la parenthèse, qui inverse l'orientation du discours, en le poussant à bout.

Les cas les plus fréquents demeurent ceux d'un brouillage subtil entre la voix du personnage et une voix narratoriale partout présente mais souvent ambiguë, comme pour cette reprise échoïque après une ponctuation forte :

(33) Il fera qu'est-ce qu'il voudra. Qu'est-ce qu'il voudra c'est-à-dire : rien. (*BA*, 32)

L'attribution de l'hyperbate, relance après une fausse clôture, telle cette relative après point, est souvent problématique :

(34) Mais il veut être branché, c'est-à-dire : capable de poser ses yeux sur des choses sales. Qui sont d'un bon placement, semble-t-il, cette saison. (*BA*, 33)

Il s'agit en fait d'une superposition de la voix du personnage romancier, calculant son intérêt, et de la voix narratoriale ironique, en énonciation seconde, se greffant par feinte surenchère sur l'énonciation première.

Un passage est particulièrement intéressant quant au brouillage énonciatif, mêlant les discours libres indirects et directs :

(35) Une larme d'attendrissement fait briller les yeux de Mme Défosse. Elle est bouleversée. Quoique le récit de Mme Guitou soit très semblable en somme à celui de [...] sa femme de ménage, que ses confidences sordides indisposent à l'extrême, d'autant qu'elles ralentissent le rythme du nettoyage, dans les moments les plus critiques du récit (cocuages en série, ruptures pathétiques et orageux retours de flamme, ces gens ont un de ces tempéraments), jusqu'à le stopper net. (*BA*, 34)

Ce passage appartient à la dynamique paradoxale de fausse valorisation (implicite et indirecte) de la misère comme « attraction » : les marqueurs argumentatifs *quoique, en somme* relèvent de la pensée du personnage bourgeois ; la concession implique le contre-topos sous-jacent : « plus c'est misérable, plus c'est dépaysant », contre-topos qui n'est pas validé ici, puisque le récit de Mme Guitou manque finalement d'exotisme, trop comparable à celui de la femme de ménage. Se greffe là-dessus la feinte adhésion au discours de l'employeur et de la rentabilité. Un *ethos* de narrateur se forge dans la parenthèse, qui dans sa visée synthétique et itérative prend une distance avec l'*ethos* du personnage, en indiquant à travers les pluriels de série le stéréotype, ce à quoi s'ajoute l'indice parodique d'une littérarité avec l'antéposition *d'orageux* ; cette distance narratoriale ne véhicule aucune adhésion au discours représenté. Enfin, dans la bribe de discours direct libre, (« ces gens ont un de ces tempéraments »), le décrochage, qui souvent marque l'intervention narratoriale, feint d'adhérer au propos, qui reflète en une voix moyenne, au-delà du propos individuel, le stéréotype bourgeois.

Quant à l'émergence d'un discours de groupe (celui des touristes), est elle aussi soumise à un brouillage des frontières énonciatives. La distinction se fait parfois grâce à une distribution des divers énonciateurs entre parenthèses :

> (36) Ils leur foutent le bourdon. Avec leurs singeries (Jason). Et leur crécelle grandiloquente (l'accompagnateur). Et leur pitié vomitive (le chauffeur). (*BA*, 124)

Mais on a très souvent un discours collectif sans attribution explicite, qui pourrait émaner du point de vue d'un membre quelconque de la collectivité, selon l'expression définie par D. Maingueneau (2000), et que marque souvent l'emploi de l'indéfini *on* :

> (37) On se présente, on s'enchante. En dépit du décor qui n'a rien d'enchanteur, il faut en convenir. (*BA*, 11)

On note la dérivation humoristique du discours direct au discours narrativisé, puis à la narration : *enchanté/s'enchanter/enchanteur* ; mais l'adjonction sous forme de concession est problématique : par qui est-elle assumée ? Où est la frontière entre voix du narrateur et point de vue du groupe ? L'ironie narratoriale peut porter sur le mot *décor*, réduisant la misère des banlieues à un simple décor pour mondanités ; mais le commentaire porte aussi sur le projet narratif, adossé à celui de Real Voyages, qui plante ce décor : nouvel effet d'autodérision, où l'ironie se transforme là encore en humour, dans la mesure où l'instance narrative s'incorpore dans la cible.

L'usage très particulier du discours direct libre permet également cette polyphonie ironique concernant « l'effet groupe », comme juxtaposition de plusieurs voix, ou voix « moyenne » représentant un point de vue collectif :

> (38) Toutes ces curiosités auxquelles on vient d'assister sont éminemment psychotoniques. Éminemment. On peut même dire qu'elles sont excellentes au cœur comme à l'esprit. Au cœur qui reçoit son content d'émotions. À l'esprit qui se met à ruer sur des sentiers que nul n'emprunte. Et va plus loin que ses limites. Et ouvre de vastes horizons. C'est fabuleux ! Enthousiasmant ! Et tellement enrichissant ! (*BA*, 36-37)

L'ironie de Salvayre mêle les clichés reflétant le point de vue du groupe aux segments à connotation littéraire, comme « ruer sur des sentiers que nul n'emprunte », en une mise en abyme de l'écriture révélant l'autodérision. On peut attribuer à la voix collective de telles évaluations enthousiastes, tout autant que les revirements de la déception :

> (39) Que le chauffeur Vulpius fasse un petit tour à travers les immeubles de la cité, et ce sera bien suffisant ! On se lasse de tout, en fin de compte. Des autres, bien sûr, pour aimables qu'ils soient. Et des affligés plus encore. (*BA*, 101)

> (40) Et tant pis pour les samaritaines résolutions du début auxquelles on tenait plus qu'à ses prunelles ! Mort, l'enthousiasme pour le social ! […] Charité bien ordonnée commence etc. (*BA*, 119)

Les énoncés en *on*, la distance prise par le *etc.*, les généralisations dénoncent les discours stéréotypés sur la charité. La valeur d'instance frontière de *on*, entre narrateur zéro et membre de la collectivité, permet un double mouvement d'incorporation et de distanciation de l'*ethos* petit-bourgeois [12].

On note toujours l'ambiguïté des adjonctions comme l'hyperbate, avec une feinte prise en charge narratoriale, comme cette allusion raciste à la présence des deux jeunes de banlieue dans le car :

> (41) Les touristes consolent M. Ekun, sans conviction, comme un commerçant son client aux heures d'affluence. On s'engouffre dans le bus. On est entre soi. Enfin presque. (*BA*, 105)

Enfin, ces cas d'ambiguïté se rencontrent dans l'usage très particulier de l'alinéa chez Salvayre. L'alinéa provoque parfois la fusion du dialogal avec l'effet dialogique d'hyperbate, où l'on n'a plus qu'une seule énonciatrice :

> (42) Lit-elle des livres ?
> Jamais […]
> Elle préfère le cinéma
> Et le patinage artistique.
> C'est mieux que les livres.
> C'est plus beau. (*BA*, 76)

Dans cette forme inédite de dialogue au discours indirect libre, l'alinéa marque d'abord les tours de parole d'un échange entre l'un des touristes et Olympe, puis une série de rajouts de la même locutrice, qui du coup se chargent d'un effet de polyphonie, la voix narratoriale se superposant à celle du personnage. Mais il s'agit plutôt d'humour que

---

12 Le tour en lui-même fabrique du cliché, du sériel : l'accompagnateur sait que « se succèdent quatre phases chacune marquée d'un pic : une phase d'enthousiasme humanitaire, une autre de dépression cyclonique de la conscience, suivie de près d'une phase purement catastrophique, qui précède, à l'arrivée, une phase de lâche soulagement. La séquence est algébrique. » (*BA*, 115)

d'ironie, dans la mesure où le jugement narratorial implicite n'exclut pas l'empathie.

L'alinéa, par la pause qu'il marque forcément à la lecture, est en général plutôt censé indiquer une bifurcation énonciative. Or chez Salvayre, là où l'on s'attendrait à trouver un commentaire narratorial, on retrouve l'expression de la voix collective déjà reflétée au paragraphe précédent. Dans l'exemple ci-dessous, l'alinéa marque à la fois une intervention narratoriale, avec la syllepse culinaire, et une fausse prise en charge de l'énonciation seconde des touristes :

> (43) On apporte le dessert. Mais c'est de l'étouffe-chrétien ! (Lafeuillade) Sur le plan gastronomique, les allemands n'arrivent pas à la cheville des Français (M. Jobert).
> À la condition de s'en tenir au registre culinaire, une pincée de patriotisme, de temps à autre, ne nuit point. (*BA*, 87)

L'alinéa est chez Salvayre hautement dialogique, mais d'une manière moins convenue que d'habitude. Citons pour terminer l'effet parodique provoqué par cette série d'anaphores :

> (44) La pauvreté n'explique pas tout.
> La pauvreté n'excuse pas tout.
> La pauvreté, en somme, a bon dos. (*BA*, 83-84)

On appréciera l'ambiguïté de cette parodie de l'éloge biblique de l'amour-charité, à propos de la pauvreté, chaque alinéa correspondant à cette voix collective diffuse[13]. Apparaît bien l'originalité de ces ajouts polyphoniques de Salvayre, à la fois dans leur forme inédite, et dans leur effet : par un effet d'effacement énonciatif, ils livrent en surplomb non pas tant la voix narratoriale, que le reflet – ironique – d'un mixte des diverses voix du groupe. La parodie est ici hautement significative, à la fois de l'entrelacement des thèmes de la charité et de la pauvreté, et d'une subversion

---

13 « L'amour […] excuse tout, il croit tout, il espère tout, il endure tout » (I *Corinthiens* 13, 7).

ironique globale, puisque la fin du livre voit s'inverser ce qui faisait sa dynamique même : l'éloge de la pauvreté.

Conclusion

On concluera donc à la supériorité, en termes de richesse sémantique et de régime littéraire, d'une déclinaison subtile du paradoxe énonciatif : il s'agit d'insérer du jeu dans les rouages du paradoxe argumentatif. Entre Garréta et Salvayre s'opposent deux conceptions de la forme littéraire : la transparence du pamphlet ironique contre l'ambiguïté plus complexe de la fiction polyphonique ; une ironie de la dénonciation (qui peut rejoindre l'humour noir) contre une ironie moins convenue de la déstabilisation (qui joue sur les points de vue exprimant le clivage social).

On a pu également esquisser quelques pistes permettant de maintenir tout de même une frontière, bien qu'instable, entre humour et ironie [14] : connivence de type « externe » fondée sur la sanction d'un tiers exclu et la supériorité du locuteur, relevant strictement de l'ironie ; connivence « interne » de l'humour fondée sur un principe d'incorporation à l'*ethos* évoqué ; présence d'une cible bien identifiée dans l'ironie, cible absente ou multiple lorsque l'humour de Salvayre renvoie dos-à-dos des travers bourgeois et populaires (l'auteure ayant appartenu aux deux mondes opposés dans l'œuvre) ; référence de l'ironie à ce qui est, référence plus ludique de l'humour à ce qui n'est pas ou ne peut être (dans l'humour noir de Garréta). Quant à l'*ethos* ironique, il repose davantage sur l'affichage du sérieux, et sur la conscience d'un point de vue supérieur ; l'humour plutôt sur la mise en scène d'un *ethos* décalé et sur l'autodérision de l'auteur. Mais la démarcation n'est pas simple dans notre corpus : ironie teintée d'humour noir, d'un côté, ironie teintée d'autodérision

---

14 Voir le tableau en annexe, que nous avons proposé également dans une contribution sur l'humour (colloque de l'Université Versailles-Saint-Quentin, en octobre 2011, « Humour et enseignement »).

et d'humour, de l'autre. Nous sommes bien dans une logique des frontières.

Annexe :

	Tendance de l'ironie	**Tendance de l'humour**
Cible	définie	multiple, floue, ou aucune
Rapport Sa/ Sé/référent	logique paradoxale rapport à ce qui est	illogisme, fantaisie rapport à ce qui ne peut être
Ethos	sérieux évitement du ridicule supériorité *ethos* bien-pensant	non sérieux exposition au ridicule possible humilité *ethos* décalé, autodérision
Relation à l'auditoire	exclusion de la cible visée ou connivence « externe »	incorporation ou connivence « interne »
Rapport à l'institution	du dedans ? locuteur gardien de la loi ?	du dehors ? locuteur affranchi de la loi ?
Finalité	sanction, position dans un conflit	désamorçage du conflit ou de l'angoisse
Ethique	jugement de valeur	libération et relativisation

Chapitre 8. L'ironie comme perturbation de l'illusion romanesque (étude de cas dans la littérature espagnole contemporaine)

Par David CONTE
Universidad Carlos III de Madrid
dconte@hum.ucm.es

1. Quelques précisions conceptuelles sur le statut de l'ironie littéraire

L'usage de l'humour et de l'ironie dans la littérature soulève des questions spécifiques, qui se laissent difficilement réduire à un contexte discursif général, où la situation d'énonciation « sur le vif » autorise un va-et-vient entre les interlocuteurs qui déterminerait la réussite des jeux de mots ou des sous-entendus. De la sorte, si l'on conçoit que le fonctionnement de ces deux procédés a lieu dans le cadre d'une communication qui en conditionne les effets possibles, que se passe-t-il dans le domaine de la fiction, où cette énonciation est pour ainsi dire mimée et reproduite de toutes pièces ? Dans la lignée d'une linguistique de type pragmatique, par exemple, appartenant à la tradition anglo-saxonne de Searle ou Austin, on a pu assister à de nombreuses théorisations (de Richard Ohmann ou Samuel R. Levin, entre autres) qui se sont penchées sur le rapport entre la littérature et les « actes de parole », pour souligner le caractère « mimétique » des stratégies textuelles par rapport à ce qui en supposerait leur fondement ou soubassement, c'est-à-dire le monde du langage ordinaire où la communication se tisse entre des sujets réels.

Bien évidemment, cette visée quelque peu réductrice condamne en grande partie le mode littéraire à n'être que la pâle reproduction d'une parole vivante, comme si la mimésis n'était destinée qu'à constituer l'ombre du réel. Mais elle a pour vertu de souligner, par contrecoup, une donnée indispensable dans la structure discursive du littéraire, dans la mesure où l'œuvre nécessite d'une activité d'interprétation ou de lecture afin de parvenir à en réaliser pleinement le sens. Ainsi, la figure du lecteur, dont bien des théoriciens ont souligné l'importance, n'est pas seulement un complément utile à l'existence du texte, mais bel et bien l'instance effective qui parvient à combler sa dimension virtuelle en en décryptant les effets. Cette dynamique se manifeste de façon tout à fait claire et marquante dans le domaine de l'humour ou de l'ironie, en tant que procédés rhétoriques dont l'existence même dépend de leur bonne compréhension. En ce sens, et dans la mesure où nous estimons que la littérature constitue de plein droit un procédé de communication, nous postulerons qu'elle s'insère dans une situation d'énonciation dont il convient de cerner les particularités.

Sans distinguer d'emblée leur spécificité particulière, l'humour autant que l'ironie engagent un double sens au sein du discours. Si d'un côté l'ironie présuppose un sens caché ou contraire par rapport à ce qui s'énonce, où se joue le décalage entre ce qui est dit et ce qui est donné à comprendre, l'humour, pour sa part, implique une connivence au sens large qui, pour reprendre les termes d'Alain Rabatel, fait l'objet d'une prise de distance « irrévérencieuse », dans une sorte de dédoublement de l'émetteur par rapport à son propre message. Tout se passe comme si le discours était capable d'incorporer dans son énonciation des marqueurs qui y distingueraient une double strate, marquant ainsi l'opposition entre un sens littéral et un sens figuré ou, au sens large, entre l'explicite et l'implicite qui sous-tend le registre de l'humour et l'ironie. Or qu'advient-il lorsque ces marqueurs ne peuvent se « pointer » au sein de la situation d'énonciation, et quels sont les moyens par lesquels un texte (littéraire) parvient à les incorporer, afin de signaler la présence d'un trait d'humour ou d'un sens contraire à ce qui est écrit ? Pour souligner les enjeux et les difficultés du problème, nous pouvons mentionner ici la position de Patrick Charaudeau, qui analyse les procédés humoristiques en fonction d'une double identité du sujet parlant :

> d'une part, un être qui pense, a des intentions et un projet de parole en fonction de ce qu'est sa psychologie et sa position sociale ; d'autre part, un être qui parle, qui se manifeste, qui configure son projet de parole et le met en scène pour qu'un autre le perçoive. (P. Charaudeau, 2011 : 10)

Les sens possibles du discours dépendent ainsi des « intentions (conscientes et inconscientes) du sujet locuteur et des possibilités interprétatives du sujet récepteur » (P. Charaudeau, 2011 : 11). Or, s'il est certain que la figure du lecteur peut, suivant son caractère ou son esprit, savourer une visée humoristique ou au contraire l'esquiver, l'on peut difficilement postuler sous le texte un « sujet pensant » qui viendrait y déceler les intentions cachées ou implicites, – comme dans *Annie Hall*, le film de Woody Allen, lorsque le personnage extrait du hors-champ la figure de Marshall Mac Luhan, surgi à point pour « rabattre le caquet » à un professeur qui ne cessait de pontifier au sujet de son œuvre dans la queue d'un cinéma. Ainsi, afin d'approcher l'usage spécifique de l'humour et de l'ironie dans la littérature, nous chercherons à cerner la façon dont le texte met en place des stratégies discursives donnant à lire la possibilité d'un double sens, tout en distinguant dans chaque cas si cette stratégie pourra s'apparenter à l'humour ou si nous aurons plutôt affaire à de l'ironie. Suivant cet objectif, nous étudierons deux exemples dans le cadre du roman espagnol contemporain, tout en examinant brièvement la visée idéologique à laquelle peuvent obéir ces procédés.

2. Notes sur le cadre idéologique du roman espagnol actuel

Quoique les cycles du monde politique et social ne coïncident pas forcément avec les différentes époques qui scandent les évolutions artistiques, nous pouvons à grands traits faire correspondre la naissance de la période actuelle de la littérature espagnole avec l'avènement du régime démocratique. Coïncidant avec la mort de Franco, la parution en 1975 de *La verdad sobre el caso Savolta*, de Eduardo Mendoza, laisse entrevoir de nouvelles caractéristiques que l'on a souvent englobées sous l'étiquette de la « postmodernité ». Bien loin des réflexions philosophiques d'un Lyotard, l'atmosphère postmoderne annonce ici le retour du plaisir de la narration, après un période expérimentale très influencée par l'ombre du nouveau roman et de Tel Quel. Mais à la fois, ce versant narratif se manifeste sous la forme d'un collage (d'un pastiche) qui entremêle différents styles et genres ; dans le cas de Mendoza, par exemple, on observe un réemploi du code de la littérature picaresque, du feuilleton, du roman noir, du réalisme social, dans une dimension ludique qui n'empêche point un brillant travail de composition polyphonique des voix narratives, ainsi qu'une architecture en forme de « patchwork » qui fait éclater la linéarité du récit.

Ce contexte, où pourraient également s'inscrire d'autres auteurs comme Manuel Vázquez Montalbán, Juan García Hortelano, Juan Marsé ou José María Guelbenzu, débouchera, à partir des années 80, dans ce qu'on pourrait appeler l'hégémonie du réalisme, c'est-à-dire l'explosion d'une littérature commerciale, qui correspond en Espagne à l'irruption d'un marché littéraire et d'une véritable société de consommation. Constantino Bértolo, dans un texte qui ébauche les caractéristiques du roman espagnol des années 80, affirme que « la nueva narrativa se ha convertido en material de hipermercado » (« le roman actuel est devenu de la marchandise de supermarché »). Sa conclusion dénonce le conformisme et l'uniformité de cette littérature « démocratique » qui s'abstient de toute forme de transgression, aussi bien idéologique que formelle :

> No parece gratuita, por tanto, la sospecha que la libertad de tendencias sea, en realidad, la hegemonía de una sola tendencia marcada por la asunción de una literatura caracterizada por la representación de un mundo superficial, light, que nada

> pone en entredicho, aunque haya hecho de la duda su refugio privilegiado. (C. Bértolo, 1992 : 297 et 299)
>
> [Il y a fort à parier que cette liberté de tendances équivaut en réalité à l'hégémonie d'une seule et unique tendance, dès lors qu'on assume que cette littérature est caractérisée par la représentation d'un monde superficiel et light, où rien n'est remis en question, quoiqu'elle ait adoptée un pose qui consiste à douter de tout.]

D'une certaine façon, ce retour du narratif consolide une ligne romanesque qui délaisse la recherche formelle pour se consacrer au plaisir de raconter des histoires, sans préjuger la qualité indéniable de nombreux écrivains. Ce qu'il m'importe de souligner, à travers ce résumé sans doute trop schématique [1], c'est que l'emploi de l'humour ou de l'ironie dans la plupart de ces œuvres vise fondamentalement à divertir le lecteur sans véritablement remettre en cause la *doxa*, comme si l'amusement évacuait la dimension critique propre au comique. En ce sens, la prépondérance d'une esthétique « réaliste », dans les années 80 (qui se prolonge aussi de nos jours), correspond bel et bien à une idéologie privilégiant le conformisme, afin d'apaiser les conflits, et débouchant sur une vision du réel dénuée de toute perspective critique. La transparence de la représentation introduit un humour qui ne vise qu'à divertir ou amuser le lecteur, sans véritablement remettre en cause la *doxa* sur laquelle s'établit la transition espagnole. Comme le souligne Jenaro Talens, on a affaire à une opération politique parfaitement consciente et voulue :

> La « despolitización », y consiguiente deshistorización del presente, fue sistemática, y eso, aunque sea en escala diferente, también se dio en la literatura en general [...]. En términos, incluso, de política cultural, el Partido Socialista, durante los años de su mandato, siempre favoreció, en la medida de sus posibilidades (que eran muchas) aquellas propuestas que no

1 Pour une excellente synthèse de la littérature espagnole de la transition publiée en France, voir E. Boujou (2002), qui délimite très clairement les principales lignes de cette évolution insinuées dans notre article.

> problematizaran nada, como si mencionar juntos política y escritura fuera mentar a la bicha. (J. Talens, 2005 : 148)
>
> [La « dépolitisation », et par conséquent la disparition de l'historicité du présent, fut systématique, et cela fut également le cas, quoiqu'à une échelle différente, par rapport à la littérature en général [...]. Même en termes de politique culturelle, le Parti Socialiste favorisa, pendant toute la durée de son mandat et grâce à l'ampleur de ses moyens, les propositions qui s'abstenaient de soulever un quelconque problème, comme si le fait de mettre sur un même plan politique et littérature était devenu tabou.]

D'autre part, le versant postmoderne alimente une autre lignée d'écriture qui pourrait se retrouver dans les années 90, où ressurgit une série d'auteurs qui questionnent et interrogent les formes romanesques traditionnelles, et qui auraient pour dénominateur commun « l'impossibilité du réalisme ». Pilar Lozano Mijares, dans un article sur l'œuvre d'Andrés Ibañez, énumère un certain nombre de caractéristiques qui nous serviront d'appui pour encadrer la problématique littéraire des ouvrages analysés. Pour commencer, elle constate la crise de la mimésis classique : « en la novela posmoderna, la realidad se desvanece, convertida en imagen, en simulacro, y el yo se conforma, irónica y lúdicamente, con esta pérdida » (« dans le roman postmoderne, la réalité s'estompe, transformée en image et en simulacre, et le *je* s'accommode de cette perte avec lucidité et ironie »). Cette crise amène, comme le souligne Lozano Mijares, une déconstruction du sujet, « no solo de su propia identidad y psicología, sino también de su relación – o, más bien, incapacidad de relación – con los otros » (« non seulement de sa propre identité et psychologie, mais également de sa relation, ou plutôt de l'impossibilité de sa relation avec les autres »), comme si le *je* perdait assise dans le réel et sentait s'effondrer sous ses pieds les certitudes qui fondaient son identité et sa cohérence. Le récit de ce nouveau sujet implique le recours à des procédés métafictionnels, où l'on observe toute la gamme du pastiche et de la parodie. La réalité se comprend comme un jeu de langage, qui montre

« el proceso mismo de codificar estrategias de significado, delatando su carácter ficcional » (« le processus visant à codifier des stratégies de signification, qui dévoilent leur caractère fictionnel »).

Ainsi, la fiction a recours à des stratégies qui pointent sa véritable nature, son caractère de simulacre, suivant une reformulation de la mimésis qui dénonce à son tour la dimension idéologique de ce qu'on nomme le réel (et dont le réalisme constituerait le mode emblématique de représentation). En somme, et pour rejoindre la pensée de Lyotard, la littérature postmoderne assiste à l'effondrement des « grands récits ». Mais cette fragmentation des anciennes certitudes se déroule sans drame ni fracas, sous un ton désinvolte et, dans une large mesure, humoristique : « el elemento lúdico, omnipresente en los textos, funciona como necesario distanciamiento, como relativización de las pequeñas o grandes tragedias que sufren los personajes postmodernos [...] » (« l'élément ludique, omniprésent dans les textes, établit une distance nécessaire, qui sert à relativiser les petites ou grandes tragédies que subissent les personnages postmodernes [...] ») (M.P. Lozano, 2006 : 222-223 pour l'ensemble des citations).

Sous cet angle, l'humour et l'ironie apparaissent comme le dénominateur commun qui englobe les différentes perspectives regroupées sous l'égide de la postmodernité. À ce titre, notre époque s'inscrit encore dans la fracture ouverte par le romantisme allemand (également marquée par l'esthétique du fragmentaire), en particulier à la suite des réflexions de Friedrich Schlegel et de l'*Athenaeum*. Comme le rappelle Pierre Schoentjes :

> La base de la position philosophique adoptée par Schlegel repose sur une conception de l'univers considéré comme un chaos ; l'ironie est, dans cette perspective, la conscience de ce chaos. [...] L'homme, selon Schlegel, vit dans un monde de contradictions inquiétantes qu'il tente d'organiser et de saisir dans son unité afin de réduire son angoisse existentielle. Mais ces tentatives sont vouées à l'échec car si l'esprit devine

> l'Absolu, il est incapable de l'appréhender. (P. Schoentjes, 2011 : 104)

Nous pouvons toutefois établir une distinction importante quant à l'emploi de cette ironie et à la visée qu'il recouvre. En effet, l'élément différentiel est sans doute l'absence de tragique dans la conscience de cet éclatement. Si l'ironie manifeste toujours une prise de distance, et souligne la fracture irréconciliable entre l'homme et l'Absolu, nous sommes malgré tout très éloignés de cette attitude entre tragique et stoïque, qui imprégnait l'ironie romantique d'un aspect grinçant et, en un mot, profondément sérieux. Nous pourrions exprimer cette différence de la sorte : si l'ironie, associée à une poétique du fragment, vise à souligner l'éclatement du sujet moderne, scindé par son désir d'Absolu, la disparition d'une quelconque forme de transcendance, au seuil du XXIe siècle, fait du fragment non plus le résidu d'une totalité absente, mais l'expression même de la condition postmoderne. Le fragment (et donc l'ironie qui l'exprime) cesse de constituer l'ombre d'une ontologie inaccessible pour devenir le nouveau fondement d'un naufrage qui a perdu notion de la terre ferme. En ce sens, cette terminologie (naufrage, absolu…), qui laisse entrevoir la dimension tragique d'un déchirement, cède le pas à une prise de distance qui se déroule sous un ton mineur, et qui adopte l'humour comme la perspective la plus appropriée à cette absence de tout dramatisme. Dans les exemples que nous allons analyser, ce *ton* constitue le *style* même de l'humour qui s'y développe, et permet de cibler les procédés mis en place.

Avant de passer à l'étude du premier cas, il convient cependant de clore notre ébauche théorique par une brève précision. Nous avons conscience, jusqu'à présent, d'avoir employé les termes d'humour et d'ironie sans les distinguer ni tenter d'établir une définition préalable. Ce manque de précision terminologique ne signifie pas que nous nous dérobons à la difficulté de la tâche, ni ne voudrait laisser entendre que nous considérons ces concepts comme plus ou moins équivalents. Étant donné que leur distinction donne bien du fil à retordre, au point que maintes études tendent à les amalgamer ou à s'enchevêtrer en d'interminables mises au point, nous voudrions illustrer leur différence à l'aide des exemples analysés. Il ne s'agit pas non plus d'établir une casuistique, où l'humour et l'ironie ne pourraient faire l'objet d'une catégorisation qu'en fonction du cas par cas, mais de déboucher, à la suite de l'analyse, sur un modèle qui servira à préciser une éventuelle définition, suivant son emploi dans une stratégie littéraire donnée.

3. La « raison phonétique » de Gonzalo Hidalgo Bayal

Le premier extrait provient du dernier ouvrage de Gonzalo Hidalgo Bayal, intitulé *Conversación*. Cet auteur, né en 1950 dans la province de Caceres, en Estrémadure, où il a exercé jusqu'à sa retraite son métier de professeur de langues anciennes dans un lycée de Plasencia, et dont les écrits commencèrent à paraître dans le milieu des années 80, n'a été reconnu que sur le tard, lorsque les éditions Tusquets republièrent son roman *Paradoja del interventor* (2006), qui obtint un certain succès critique. Hidalgo Bayal est pourtant resté un écrivain assez secret et minoritaire, en marge des cénacles artistiques de la capitale. Son paysage littéraire s'enracine dans une province mythique nommée Los Huranes et dans son chef-lieu, Murania. Les personnages de cet univers correspondent à ce qu'on pourrait classer dans le domaine des « perdants », parfois des vagabonds en marge de la société, soit des figures de misanthropes qui s'emmurent dans le silence et le retrait du monde, dans tous les cas des individus qui ont échoué dans leur projet vital, confrontés au hasard et aux revers du destin [2]. L'atmosphère de ses romans mélange ainsi un pessimisme influencé par Beckett à la

2 On trouve une bonne étude des personnages et du monde littéraire de Hidalgo Bayal dans l'article de L. Maramotti (2008) sur trois auteurs d'Estrémadure.

tonalité absurde de Kafka, dans l'aridité sauvage d'une Espagne rurale et oubliée, imprégnée de résignation.

Ceci dit, nous sommes très loin d'une perspective que l'on pourrait qualifier de « réaliste ». D'une part, parce que ses histoires obéissent à des schémas parfois saugrenus, ou alors tout à fait invraisemblables. D'autre part, parce que ses intrigues n'offrent que très peu d'évènements ou de rebondissements, sinon une errance parmi d'inextricables labyrinthes de nature profondément verbale. Ce foisonnement baroque de la langue s'affiche en particulier dans son avant-dernier livre jusqu'à cette date, *El espíritu áspero* (Barcelona, Tusquets, 2009), sans doute son travail le plus ambitieux, qui raconte la biographie et les souvenirs d'un vieux professeur de grec, Don Gumersindo, venant tout juste de prendre sa retraite. Cette vie anodine chiffre tout son intérêt dans le florilège linguistique qui l'anime, par de constants jeux d'esprit ; en particulier, l'esprit « âpre » est la façon dont se désigne en espagnol l'esprit rude du grec, ce qui indique le double niveau de lecture. En ce sens, l'humour que l'on trouve chez Hidalgo Bayal pourrait correspondre au « jeu sémantique », défini par Patrick Charaudeau, « où l'humour consiste à jouer sur la polysémie des mots qui permet de construire deux ou plusieurs niveaux de lecture tout au long de la construction phrastique (isotopie) autour de mots dont le sens est double ou triple » (P. Charaudeau, 2006 : 32). Nous allons analyser un exemple de ces isotopies dans un fragment du récit intitulé « Achille et la tortue », issu de *Conversación*.

L'histoire évoque les retrouvailles entre un poète au nom en forme de palindrome, Saúl Olúas, et Pedro Enrique, un ancien camarade d'école surnommé Petrus, à cause de son habileté dans le maniement de la flexion nominale latine (« Tu es Petrus et super hanc petram aedificabo ecclesiam meam »). Dès son jeune âge, Petrus semblait promis à une brillante carrière dans la philosophie, où il excellait dans la connaissance des présocratiques. Pourtant, la maladie de son père et les circonstances familiales l'obligèrent à reprendre la tête d'un petit magasin de prêt-à-porter, que les talents de Petrus surent transformer en une prodigieuse multinationale.

Cette reconversion professionnelle, brillamment réussie, s'explique dans le récit par l'entrelacement des isotopies du marketing industriel et de la philosophie ancienne, justifiant le rapprochement entre ces deux univers de sens divergents au moyen d'une « raison phonétique » particulièrement saugrenue, mais en fin de compte profondément drôle, dont nous analyserons l'extrait suivant :

> Y en ese instante decidió dedicarse a la tarea textil hasta el final. En vez de lo perdurable, lo perenne y lo perpetuo, lo caduco, lo efímero y lo perecedero. Enredé mucho con esos revoltijos que te gustaban tanto, amigo Saulo, dijo (todavía me gustan, dije) : ex, texto, textil, textual, textura. Se impuso, en suma, la razón textil. [...] Me encerraba en el ático y daba rienda insomne al pensamiento, pero no al pensamiento presocrático, sino al pensamiento textil. Mercurio desplazaba a Hermes, el comercio a la hermenéutica. [...] la primera decisión que tomé fue la de adecentar la fachada y remozarla. [...] Así que decidí que sólo figurara en la fachada la palabra empresarial, el logo : *Enrique*. (Subrayadlo, dijo Olúas : el *logo*.) [...] Pero de pronto, una noche, tuve una intuición, un soplo del oráculo. Así pues, en efecto, en primer lugar, por una parte, acudió a mi memoria la vieja inscripción latina, *SPQR*, Senatus Populusque Romanus [...] y advertí una curiosa aunque imperfecta analogía con las consonantes que se habían mantenido firmes en la fachada de la tienda. [...] y luego recordé un fragmento de Heráclito, a la naturaleza le gusta ocultarse, dice, y fue así, dando vueltas al principio, al final y a la ocultación como decidí cambiar el nombre de la tienda y eliminar todas las vocales. Así surgió *nrq*. Con minúsculas : no por humildad, sino por coherencia, porque sólo la *E* inicial era mayúscula. [...] Ésa fue mi primera aportación al negocio : inspiración presocrática. [...] Fue también mi mejor ocurrencia. Casi me considero un profeta menor, modesto precursor del furor acrónimo. [...] Después aporté una segunda idea, sólo una segunda idea, dijo Petrus, si bien no creo que la palabra *idea* se la más adecuada. [...] La primera *E* de Enrique, la mayúscula, la que estaba horizontal en la fachada, vista al revés, me recordó vagamente, por su trazo cursivo, una omega. [...] Así que decidí vender camisetas lisas, en la gama de colores del arco iris, con una omega en el pecho, junto al corazón : una ofrenda a los dioses para que fueran propicios al desertor. Pensé en *panta rei*, una frase conocida, pero tópica,

me dije, un reclamo pedante, y opté por una sola letra, para no hacer distinción entre filósofos, una omega : [...] Vendimos omegas en cantidades que superaban nuestras posibilidades de producción y comercialización. (H. Bayal, *Conversación*, Barcelona, Tusquets, 2011, p. 105-109)

[Et en cet instant il décida de se consacrer à la tâche textile jusqu'à la fin. À la place du perdurable, du pérenne et du perpétuel, il choisit la caducité, l'éphémère et le périssable. Je pris du fil à retordre avec ces enchevêtrements qui te plaisaient tant, Saül mon ami, dit-il (ils me plaisent toujours, rétorquai-je) : ex, texte, textile, textuel, texture. En somme, la raison textile s'imposa. [...] Je m'enfermai au grenier et me livrai à l'insomnie de mes pensées, mais non plus à la pensée présocratique, sinon à la pensée textile. Mercure déplaçait Hermès, le commerce à l'herméneutique. [...] la première décision que je pris fut de nettoyer la façade et de la rafraîchir. [...] Je décidai de ne laisser sur la façade que le nom de l'entreprise, le logo : *Enrique* (remarquez ceci, signala Olúas : le *logo*) [...]. Mais soudain, une nuit, j'eu une intuition, un souffle de l'oracle. En effet, d'une part et en premier lieu, la vieille inscription latine me vint à la mémoire, *SPQR*, Senatus Populusque Romanus [...] et je remarquai une étrange quoiqu'imparfaite analogie avec les consonnes qui demeuraient intactes sur la façade de la boutique. [...] Ensuite, je me rappelai un fragment d'Héraclite, la nature aime à se cacher, et ce fut ainsi que je décidai, apres avoir ressassé le début, la fin et l'occultation, de changer le nom de la boutique et d'y éliminer toutes les voyelles. De la sorte surgit *nrq*. En minuscules : non par modestie mais par cohérence, car seule le *E* initial figurait en majuscules. [...] Ce fut ma première contribution à l'entreprise : l'inspiration présocratique. [...] Ce fut également ma meilleure idée. J'en viens presque à me considérer un prophète mineur, humble précurseur de la fureur des acronymes. [...] Ensuite j'introduisis une deuxième idée, uniquement une deuxième, dit Pétrus, quoique je doute que le terme d'*idée* soit le plus adéquat. [...] Le premier *E* de Enrique, la majuscule, qui se trouvait en position inclinée sur la façade, me rappela vaguement, en écriture cursive, un oméga. [...] Je pris donc la décision de vendre des T-shirts lisses, dans la gamme des couleurs de l'arc-en-ciel, avec un oméga sur la poitrine, à la place du cœur : une offrande à la divinité pour qu'elle soit propice au déserteur. Je songeai à *panta rei*, une phrase bien connue, mais excessivement banale, me dit-je, une réclame trop pédante, et je choisis une lettre unique, pour évi-

> ter les distinctions entre philosophes, l'oméga : [...] Nous vendîmes des omégas dans des quantités qui surpassaient nos possibilités de production et commercialisation.]

Il y aurait sans doute trop de choses à commenter dans ce texte, mais nous allons tenter de les résumer de la façon suivante. Tout d'abord, il est certain que cette péripétie complètement rocambolesque ne prétend à aucun moment exprimer une quelconque vraisemblance. La réussite de Petrus n'est qu'un prétexte pour enchaîner une polysémie continue où les trouvailles textuelles justifient la conjoncture textile. Le *logos* grec, suivant un glissement plutôt loufoque, devient un simple *logo* d'entreprise, qu'il parvient, par un truchement herméneutique, à transformer en emblème commercial, sous l'égide de Mercure. La divinité grecque subit une métamorphose sémantique dans son adaptation au latin, qui annonce l'expansion « sénatoriale » des légions de la marque (NRQ)… Le produit qui fait décoller l'entreprise n'est pourtant qu'un simple T-shirt qui condense, par le hasard d'une lettre penchée, l'alfa et l'oméga du succès, tout en incarnant un hommage ou sacrifice posthume aux dieux du présocratisme. La trame de l'histoire se voit ainsi réduite à l'entrelacement des fils d'un tissu, invitant à prolonger les croisements sémantiques en fonction des rapprochements possibles entre signifié et signifiant.

Ce jeu autour de la lettre n'est pas sans nous rappeler les techniques de l'Oulipo, où la contrainte linguistique devient génératrice de sens, et l'on pourrait même déceler dans ce rapprochement philosophico-commercial les procédés de Raymond Roussel dans *Comment j'ai écrit certains de mes livres* (où l'histoire se voit encadrée par l'opposition phonétique entre un « billard » et un « pillard »). Dans une conférence intitulée « El hombre que subía las escaleras » (L'homme qui montait l'escalier), Hidalgo Bayal nous livre certaines clés de sa poétique romanesque, en revendiquant les récits « immobiles », dont l'absence de péripétie permet de mettre l'accent sur l'aventure du langage en soi. Le titre fait d'ailleurs référence à une boutade sur les ouvrages du nouveau roman, qui décrivent de façon interminable des situations où il ne se passe rien : les personnages n'en finissent pas de gravir les marches d'un escalier… :

> El lenguaje ha evolucionado de la denotación a la connotación, de la literalidad a la figuración. La novela ha evolucionado en todos sus elementos : de los personajes de antaño a los de hoy, del tiempo dilatado al comprimido, del amplio espacio al reducido cuarto de una casa de huéspedes, y, también, como es obvio, de la acción a la inmovilidad, o a la acción inmóvil, al lento y fatigoso e inacabable subir las escaleras. (H. Bayal, 2011 : 16)
>
> [Le langage a évolué de la dénotation à la connotation, de la littéralité à la figuration. Le roman, de son côté, a subi une transformation globale : des personnages d'avant à ceux d'aujourd'hui, du temps dilaté au temps comprimé, des grands espaces à la chambre minuscule d'une maison d'hôtes, mais également, comme il semble évident, de l'action à l'immobilité, plus exactement à l'action immobile, à la lente, éternelle et fatigante montée des marches d'un escalier.]

En outre, le signifiant structurant la destinée du personnage peut également s'apparenter à l'inconscient structuré comme un langage d'inspiration lacanienne. Mais au fond, quelle est la visée de ces double sens et des collusions invraisemblables qu'ils provoquent entre ces registres lexicaux, économique et philosophique, qui n'ont à priori absolument rien à voir entre eux ? Nous aurions tort d'y déceler un message critique, dénonçant l'absurdité des mécanismes de profit, ou l'omniprésence des marques dans la société actuelle de consommation. À notre avis, ce foisonnement verbal, qui mine les différentes instances du discours, donne lieu a un produit conçu comme de la pure littérature, qui ne cesse de mimer ou de parodier les stratégies de prolifération textuelle. D'un côté, cette virtuosité humoristique révèle une déconstruction du sens dénouée de toute transcendance : le drame d'un renoncement s'inverse en l'absurde d'une réussite. Mais de l'autre, l'humour permet de contrecarrer une sorte d'horizon d'attente, qui voudrait considérer dans chaque histoire la nécessité d'un destin (la cohérence d'une vie), et ne parvient pourtant pas à dépasser le caractère aléatoire d'une péripétie marquée par la pure contingence des mots. L'humour laisse entrevoir ici le fonctionnement de ce qu'Hidalgo Bayal nomme la « raison phonétique », c'est-à-dire la façon dont les mots cristallisent, avec leur jeu verbal, les pulsions du hasard et de la défaite. Comme l'énonce Petrus vers la fin du récit, dans une formule paradoxale qui condense la morale de cette parabole sans leçon : « soy el que nunca será lo que quería ser » (« je suis celui qui jamais ne sera qui il voulait être ») (H. Bayal, 2011b : 113).

4. Ironie et mauvaise foi chez Luis Magrinyà

À la différence de Hidalgo Bayal, Luis Magrinyà fut remarqué dès la publication de son premier recueil de nouvelles, *Los aéreos*, en 1993. Il obtint le prix Herralde, de la prestigieuse maison d'édition Anagrama, pour son roman *Los dos Luises*, en 2000 [3]. Le fragment que nous nous apprêtons à commenter provient de son ouvrage postérieur, *Intrusos y huéspedes*, paru en 2005. L'histoire retrace dans sa première partie, sous la forme d'un journal intime, l'effondrement psychique d'un père incapable de gérer l'arrivée de son fils qui, ayant vécu jusqu'alors chez son ancienne épouse en Australie, décide de s'installer chez lui pour terminer sa scolarité. Cette situation quotidienne n'implique pourtant rien d'anormal ni d'extraordinaire, hormis les petits soucis de cette responsabilité tardivement assumée. Malgré cela, le personnage du père, ancien acteur ayant joui d'une brève célébrité, et qui essaye d'obtenir une

3 Ce roman présente un type de personnage qui, d'une certaine façon, incarne le regard que l'œuvre de Magrinyà porte sur le monde. Il s'agit également d'une figure quelque peu marginale, dans le sens où elle est obligée de participer au monde qui l'entoure sans y prendre vraiment parti. Ce comportement profondément indolent et paresseux évoque quelque peu la léthargie et l'oisiveté qui caractérisent le personnage d'Oblomov, d'Ivan Gontcharov, auxquelles il faudrait ajouter une critique désabusée propre à l'univers littéraire de Magrinyà.

deuxième chance, se sent progressivement incapable d'affronter ce qui l'entoure, saisi peu à peu par une angoisse inexplicable. Cette « fêlure », pour reprendre le titre d'un récit de Scott Fitzgerald, s'amplifie jusqu'à envahir toute son existence, et le mène vers une dépression nerveuse dont il ne parviendra à s'extraire que dans la deuxième partie du roman. Ceci dit, l'habileté de l'auteur consiste à montrer comment son personnage se « noie dans un verre d'eau », et à omettre tout dramatisme, toute grandiloquence lors de cette plongée dans les déchirements d'un individu soudain frappé d'aphasie. Nous sommes très éloignés des excès de l'introspection romantique, et des abîmes de l'intériorité. Sous un calme plat, s'annonce et se profile une tempête qui fait l'objet d'une surprenante et déconcertante ellipse. Le lecteur n'assiste de la sorte qu'aux imperceptibles mouvements de surface, où l'ironie joue un très grand rôle pour lui permettre de déceler la mauvaise foi du narrateur. C'est à notre avis le cas du fragment analysé, situé presque au début du livre :

> Por ahí he llegado al *Gualterio* y me he detenido en la escena en que el héroe trata de consolar al turco Kemal de los sinsabores de su exilio. He intentado que comprendieran que esa « frialdad submarina » de la que el turco acusa a Gualterio, porque le juzga insensible a sus penas, es una de las grandes virtudes no sólo del personaje, sino de todo el texto [...]. Gualterio no es insensible al sentimiento de soledad del turco : lo único que trata de hacerle ver es que ese sentimiento es mayor, que abarca más que la « mordiente lejanía de la patria » de la que tanto se queja ; trata, en realidad, de acercarlo a su posición, de establecer una comunidad ; le invita a compartir con él su propio estado de ánimo, a reconocerse en su desubicación. […] Kemal acaba admitiendo que la obediencia a la ley es siempre alienante, esté uno donde esté, que el exilio puede darse en cualquier lado, y que la patria es la abstracción más inconsistente, miserable y espantosa. […] No sé si los alumnos lo ha entendido muy bien : [...] ya habrá tiempo para explicárselo mejor, pero al acabar la clase no parecían nada fríos. Tampoco he visto frío, cuando he vuelto a casa, en ese otro « extranjero » – como dice su madre – que es mi hijo. Me lo he encontrado no sólo contento como yo, sino haciendo

todo lo posible para manifestarlo. […] Ha hecho hincapié sobre todo en dos cosas : que en su clase hay bastantes « recién llegados » como él, por lo que no se sentirá solo entre tantos « desplazados », muchachos « criados », como él, « por el mundo » ; y que hay una actividad extraescolar complementaria a la que se ha apuntado. [...] « ¡ Teatro ! » Es cierto que en ese momento yo seguía pendiente de las poco amables asociaciones que ha creado en mi cabeza la mención de la palabra « desplazados » : me estaba aún preguntando a qué especie de asilo o refugio, o directamente a qué planta de desechos, lo han enviado su madre y su abuelo […]. No sé cómo en Australia no han entendido que, para un muchacho como él, era mucho mejor aterrizar en un grupo ya instituido, sólido, con raíces, donde pudiera integrarse previo paso por todos los ritos – y crueldades, si cabe- necesarios para la integración, que caer en medio de la nada, en un caos donde todo el mundo está desplazado como él […]. No sé de dónde habrá sacado su madre referencias de ese colegio ; yo he preguntado por ahí y no lo conoce nadie. (L. Magrinyà, *Intrusos y huéspedes,* Barcelona, Anagrama, 2005, p. 18-20).

[J'en suis arrivé ainsi au *Gualterio*, et me suis arrêté à la scène où le héros tente de consoler le turc Kémal des déboires de son exil. J'ai essayé qu'ils comprennent que cette « froideur sous-marine » dont le turc accuse Gualterio, car il le juge insensible à son chagrin, est une des grandes vertus, non seulement du personnage, mais de l'ensemble du texte [...]. Gualterio n'est point indifférent au sentiment de solitude du turc : la seule chose qu'il tente de lui montrer est que ce sentiment est plus large, embrasse beaucoup plus que le « blessant éloignement de la patrie » dont il se plaint sans cesse ; il essaye, en fait, de l'amener à partager son point de vue, d'établir avec lui une commune entente ; il l'invite à ressentir son propre état d'âme, à se reconnaître dans sa désorientation. […] Kémal finit par admettre que l'obéissance à la loi est toujours aliénante, où qu'on se trouve, que l'on peut faire partout l'expérience de l'exil, et que la patrie est l'abstraction la plus inconsistante, misérable et effrayante qui soit. […] J'ignore si les élèves ont tout à fait compris : [...] il sera toujours temps de les éclairer sur ces questions, mais à la fin du cours ils semblaient plutôt réceptifs. Je également constaté une certaine réceptivité, en rentrant à la maison, chez cet autre « étranger », comme dit sa mère, qu'est mon fils. Je l'ai trouvé non seulement aussi content que moi, mais faisant tout son possible pour le manifester. […] Il a surtout souligné deux

> choses : tout d'abord que dans sa classe il y a pas mal d'élèves « tout juste débarqués », comme lui, et qu'il ne se sentira pas seul parmi tous ces « déracinés », des jeunes « grandis » comme lui « à travers le monde » ; ensuite, qu'il y a une activité extrascolaire à laquelle il s'est inscrit. [...] « Du théâtre ! » Il est vrai qu'à cet instant me tournaient encore dans la tête les associations négatives qu'avait fait surgir le terme « déracinés ». J'en était encore à m'interroger dans quel espèce d'asile ou de refuge, ou directement dans quelle sorte de pavillon de déchets l'avaient envoyé sa mère et son grand-père [...]. J'ai du mal à croire comment en Australie ils ne se sont pas rendus compte que, pour un garçon comme lui, il était préférable d'atterrir dans un groupe déjà constitué, solide, avec des racines, où il parviendrait à s'intégrer, moyennant un passage à travers les rituels, voire cruautés, nécessaires à une intégration réussie, plutôt que de tomber dans le néant, dans un chaos où tout le monde se retrouve déraciné comme lui [...] Je me demande où est-ce que sa mère aura été pêcher des références de cette école ; j'ai fait ma propre enquête et personne n'en a entendu parler.]

Nous assistons tout d'abord à l'explication de texte d'une pièce de théâtre que le professeur fait répéter à ses élèves, *Gualterio*, composée par un dénommé Venturi. Le livre n'apporte aucune précision chronologique, mais l'intrigue, qui tourne autour des questions d'honneur et de vengeance, semble se rapprocher des tragédies de la littérature classique, autour des XVII-XVIIIe siècles, quoique les comportements relèvent plutôt d'une mentalité romantique. En fait, il s'agit d'une œuvre imaginée de toutes pièces qui subvertit le modèle auquel elle se réfère ; comment croire à un personnage qui prône l'affranchissement de toute sorte de lien, et mène une existence sans foi ni loi, si l'on connaît un tant soit peu l'histoire et le contexte idéologique de l'Espagne moderne. Des phrases telles que « la obediencia a la ley es siempre alienante » évoquent plutôt le déracinement du sujet contemporain privé d'assises. Cependant, le pastiche est brillamment réussi, et permet de montrer les qualités intellectuelles de ce professeur, sa lucidité et sa largeur d'esprit. C'est donc sur la base de ces données que le lecteur assiste au retournement du personnage, lorsque son fils lui raconte qu'il s'est retrouvé dans une classe de « déracinés » (« desplazados »), c'est-à-dire d'élèves qui vivent à peu près dans les mêmes circonstances que Gualterio. La position intellectuelle s'estompe face à l'inquiétude paternelle, qui commence par reprocher l'inconscience dont ont fait preuve la mère et le grand-père, et finit par condamner leur choix de cette école minable « dont personne n'a entendu parler ».

D'un côté le père semble partager du point de vue théorique l'attitude altière de Gualterio, à travers cette évocation dithyrambique de son courage et de sa solitude hors normes, d'une grande finesse et pertinence. De l'autre, il se montre incapable d'appliquer ce point de vue vis-à-vis de l'éducation de son fils, lorsqu'il lui préfère le moule sécurisant et confortable d'un groupe d'adolescents grégaires. Son énervement révèle non seulement sa mauvaise foi totale, mais également un dispositif ironique dans le texte qui nous donne à comprendre ses incohérences et, au bout du compte, l'inconsistance de sa tirade explicative, qui s'effondre sous le poids de ses préjugés. Si l'on s'en tient à la définition de l'ironie de Charaudeau, comme « un acte d'énonciation qui fait coexister ce qui est dit et ce qui est pensé » (P. Charaudeau, 2011 : 27), nous avons bel et bien affaire à un parfait exemple de dissociation entre l'explicite et l'implicite, du moins dans la première partie de l'extrait. Toute la tirade « théorique » est à relire sous l'angle de cette contradiction. De même, l'énervement postérieur prête à sourire, après cette défense enflammée d'un mode d'existence quelque peu « libertaire ». Il s'agirait donc d'une sous-catégorie, où l'ironie est involontaire et repose sur la compréhension de ce contraste dans les paroles du locuteur :

> Le locuteur de mauvaise foi ne cherche pas à donner des indices à l'interlocuteur de la discordance entre le dit et le pensé. La dénégation serait le cas où le locuteur n'a pas conscience de cette discordance. (P. Charaudeau, 2011 : 30)

Dans une situation d'énonciation réelle, le contexte permettrait de déceler cette discordance, et de mettre à jour les contradictions du locuteur. Ici, dans un récit à la première personne, le texte n'a d'autre moyen que de montrer les deux niveaux de ce discours, dont la lecture doit établir le caractère contradictoire. C'est donc l'instance de la réception qui crée ce lien et perçoit l'ironie comme un procédé dont l'existence dépend de ce rapprochement. En tant que figure discursive, elle est certainement moins « drôle » que les jeux linguistiques d'Hidalgo Bayal ; mais le texte, en laissant transparaître les incohérences du locuteur, obtient pourtant la complicité du lecteur par-delà ce qui est dit. Il lui signale, pour ainsi dire, que le discours à la première personne est truffé de mauvaise foi, et lui adresse indirectement un clin d'œil qui, en tant qu'appel à l'intelligence de son décryptage, établit cette sorte de sourire en coin propre à l'ironie. L'effondrement du personnage est alors suggéré plus qu'exprimé, à travers le maniement d'une série d'ellipses, qui donnent à comprendre la distance croissante entre l'énervement du personnage et son incapacité à gérer les petits soucis du quotidien. L'angoisse panique finit par occuper la place de ce vide, et emmure ce pauvre acteur dans un silence qui ressort plus du pathétique que du dramatique.

5. L'ironie et les masques de la fiction

Valeriano Bozal, dans son livre *Necesidad de la ironía*, affirme que l'ironie permet de réintroduire une distance inhérente au jugement esthétique, car « la ironía no rechaza lo ironizado sino que, poniéndose a distancia, descubre que lo que éste dice no es tal » (« l'ironie ne refuse nullement l'objet pris pour cible, mais au contraire, à travers sa mise à distance, elle découvre que ce qu'il dit n'est point tel » ; en d'autres mots, « saca a la luz el simulacro » (« elle met en lumière le simulacre ») (V. Bozal, 1999 : 92 et 99). Cette distance autorise une lucidité qui garantit la *médiation* d'une connaissance (para rapport à *l'immédiateté* du jugement esthétique), et sert à préserver la faculté de douter du sujet. De quelle façon ces postulats pourraient-ils s'appliquer aux deux exemples analysés, afin de cerner la « politique de l'ironie », selon la formule de Linda Hutcheon (1994), qu'ils mettent en place ? Pour commencer, il convient de considérer les deux stratégies sur un même plan, aussi bien les jeux de langue à tendance « humoristique » de Gonzalo Hidalgo Bayal, que les sous-entendus « ironiques » au sens strict de Luis Magrinyà. À notre avis, leur objectif consiste à souligner le caractère artificiel du dispositif romanesque, qui renonçant ainsi à l'immédiateté d'une transparence, fait apparaître la construction littéraire elle-même.

Dans le cas d'Hidalgo Bayal, le récit peut difficilement faire croire à une véritable reconversion professionnelle, comme si la philosophie présocratique était susceptible d'expliquer le fonctionnement du marketing commercial. Au-delà de cette boutade, « l'épopée » cruciale est celle du signifié ou, plus exactement, de la dynamique du signifiant, dont le caractère arbitraire et conventionnel nous montre, sous la forme d'un jeu et d'un croisement fantaisiste d'isotopies discursives, le hasard et le plaisir présidant à la construction du sens. Dans celui de Magrinyà, l'ironie parvient à esquiver les poncifs qui imprègnent la vision habituelle d'une « dépression nerveuse », pour aborder la fragilité du sujet sous un angle nouveau. L'ironie, en mettant à jour la mauvaise foi, crée un vide, à partir de l'instant où elle renonce à rendre compte de la psychologie du personnage, comme l'aurait fait un roman disons « classique », qui nous livrerait les clés pour comprendre le décalage entre les pensées par rapport aux énoncés. L'ellipse rétablit l'effondrement dans ce qu'il a de propre, c'est-à-dire dans l'absence de paroles qui parviendraient à le désigner *de l'intérieur*.

Conclusion

En transgressant les procédés habituels de la construction romanesque, l'humour et l'ironie mettent ici l'accent sur la nature linguistique des représentations, et soulignent le caractère illusoire de la transparence du réel. Il ne s'agit pas tant d'une remise en cause de la *doxa*, comme d'un questionnement par lequel la *doxa* émerge et parvient à se constituer dans l'idéologie littéraire. Dès le moment où ce questionnement est « réussi », il se révèle au sein même des stratégies narratives, car il institue la distance au lieu de l'expliquer. Les raccourcis implicites, mis en œuvre par l'humour et l'ironie, constituent à ce titre un moyen privilégié pour perturber ou ébranler notre horizon d'attente qui, au travers du double sens, accueille la polyphonie des voix discursives.

Chapitre 9. L'humour danois confronté aux autres

Par Lita LUNDQUIST
Copenhagen Business School
ll.dbp@cbs.dk

1. Formes nationales d'humour

Il a souvent été discuté dans la recherche sur l'humour s'il existe des formes d'humour propres à une culture, en d'autres termes, s'il existe des styles nationaux d'humour (A. Ziv, 1988). Bien que ce soit une question qu'il faille approcher avec toute prudence afin de ne pas tomber dans les stéréotypes, il n'en reste pas moins qu'il y a des types d'humour que l'on rencontre plus souvent dans certaines cultures que dans d'autres.

Dans ce chapitre, nous nous concentrerons sur l'humour danois et nous introduirons une forme particulière d'humour, souvent omise dans les catégorisations et taxinomies de l'humour (P. Charaudeau, 2006, 2011) : « l'auto-ironie » (danois : *selv ironi*), qui est considérée par les Danois comme leur étant propre. C'est la forme d'ironie prenant pour cible l'émetteur lui-même. Cette appellation apparaît dans les études espagnoles et françaises sur l'humour sous le terme d' *autodérision* (M. D. Vivero García, 2013 et à paraître), dont le sens péjoratif ne fait aucunement partie de la conception danoise de l'auto-ironie ; au contraire, celle-ci est louée comme une vertu dans la société danoise, qui lui associe des connotations sociales positives, pour des raisons que nous expliciterons dans ce qui suit. Cette antinomie dans la perception de l'auto-ironie a contribué aux multiples malentendus qui se produisent entre Danois et non Danois dans leurs interactions professionnelles, où un acte prétendu humoristique par un Danois n'est pas toujours perçu comme tel par les non Danois. Pour étudier la difficulté qu'a l'humour danois à passer les frontières, nous prendrons l'exemple de la conférence de presse du réalisateur danois Lars von Trier au 64e festival de Cannes (2011). Le cinéaste danois y a fait scandale par ses propos sur Hitler, sur Israël et sur les Juifs, transgressant par-là de manière violente des *doxa* normalement reçues et causant des effets dévastateurs, comme l'indique clairement cet article de presse français :

> Le 64e festival de Cannes manquait de scandales, mais Lars von Trier est là ! Le réalisateur danois a présenté *Melancholia*, en lice pour la Palme d'or et lors de la conférence de presse suivant le traditionnel *photocall*, il en a profité pour lancer des provocations : il a créé le malaise en parlant de sa « *sympathie* » pour Hitler et a déclaré qu' *Israël* faisait « *chier* ». Cependant, la controverse a pris de l'ampleur et le cinéaste a été déclaré *persona non grata* avec effet immédiat par les organisateurs du festival, son film étant néanmoins toujours en compétition. Exclu du festival, Lars Von Trier réagit, s'excuse à sa sauce, et les réactions extérieures n'ont pas tardé [1].

Nous étudierons comment les propos tenus par le cinéaste danois devant un public international et en dehors des frontières culturelles danoises ont pu avoir des effets si violents (« scandale », « lancer des provocations », « malaise ») et catastrophiques (« déclaré *persona non grata* », « exclu du festival »). En fait, on trouve, dans les propos de Lars von Trier (voir 2.2.1), un emploi de l'auto-ironie danoise, et une tentative, totalement ratée il est vrai, de traduire cette auto-ironie en langue étrangère (l'anglais). Comme nous le montrerons, l'auto-ironie danoise est, d'une part, profondément ancrée dans la société danoise, formée par un processus de civilisation bien spécifique (N. Elias, 1969), et d'autre part, fortement liée à la langue danoise et à ses particularités. Nous soutiendrons que l'emploi fréquent, socialement admis, voire recommandé parmi les Danois de

1 Citation de http://www.purepeople.com/article/cannes-2011-lars-von-trier-le-provocateur-fier-d-etre-persona-non-grata_a80173/1

l'auto-ironie, que ce soit dans les relations sociales quotidiennes ou professionnelles, obéit à des raisons à la fois sociologiques et linguistiques. Dans un deuxième temps, nous confronterons les particularités de l'auto-ironie danoise à l'emploi de l'autodérision dans les cultures espagnoles et française.

2. L'auto-ironie danoise

Pour cerner de plus près ce qui caractérise l'humour danois, nous avons eu recours, dans des études précédentes (L. Lundquist, à paraître), à deux sortes d'investigations : par questionnaires et par interviews. En ce qui concerne les questionnaires [2], nous citerons tout d'abord la réponse d'une étudiante espagnole, qui raconte ainsi (traduit de l'anglais mot par mot) sa première confrontation avec l'humour danois :

> Je parlais avec un type danois [3], qui disait toujours qu'il était un jeune homme beau et en bonne santé. Un jour, son pantalon s'est déchiré, et il a expliqué que c'était parce qu'il faisait trop d'exercices et qu'il était trop musclé. Ce qui était drôle, c'est qu'il était plutôt gros et ne fait jamais de sport. Il était ironique.

Disant le contraire de la vérité (antiphrase), « le type danois » était ironique et, plus exactement, auto-ironique, puisqu'il ironisait sur lui-même. Parmi d'autres réponses à ce même questionnaire, un étudiant chinois raconte sa première expérience avec l'humour danois en ces termes (traduit de l'anglais mot par mot) :

> C'était quand j'ai rencontré mon *buddy* [4] pour la première fois, un type danois. Je lui disais qu'on m'avait dit que le Da-

2 Ces questionnaires ont été passés en anglais à des étudiants étrangers de 12 pays étudiant à la Copenhagen Business School en novembre 2010.
3 « A Danish guy ».
4 Personne travaillant en équipe avec l'étudiant.

> nemark a été évalué comme l'endroit où il faisait le meilleur vivre. Il m'a répondu : « C'est à cause de l'excès d'alcool et du sexe ». Cela m'a beaucoup étonné.

Utilisant l'exagération à propos des Danois, le *buddy* lui-même danois était auto-ironique.

Les interviews ont été utilisées pour comparer l'humour danois à l'humour français. L'objectif était de tester l'hypothèse que, dans des relations professionnelles entre Danois et Français, l'humour, parce que fondé sur une incongruité sémantique (V. Raskin, 1984) d'ordre universel, pouvait agir comme un « médiateur positif » entre les deux cultures, et créer de « nouveaux liens sociaux » (B. Latour, 2005), détendant l'atmosphère (S. Freud, 1905) et facilitant la coopération. Des interviews avec cinq Français travaillant au Danemark et cinq Danois en France [5] n'ont pas permis de consolider cette hypothèse ; bien au contraire. Il s'est avéré que les malentendus étaient monnaie courante et que les deux groupes exprimaient une même conception de la différence d'usage de l'humour entre les deux cultures : les Danois emploient volontiers l'humour sous forme d'ironie et d'auto-ironie, même au travail, tandis que les Français hésitent plus à utiliser l'humour au travail, et s'ils le font, c'est sous la forme de jeux de mots. Deux extraits d'interviews réalisées à des Français attestent de cette différence, que nous tenterons d'expliquer ensuite en adoptant deux types d'approches, sociologique et linguistique :

> L'humour danois est parfois difficile à comprendre pour les Français et dans l'autre sens aussi, je crois. […] Je pense que les Danois sont très … ironiques dans le sens où ils peuvent dire des choses négatives, ou méchantes, pour faire rire, et il n'y a rien de profond derrière, mais pour les Français, en tout cas dans les milieux de travail, ce sont des genres de réflexions qu'on ne se permettrait jamais […]. Je me souviens vraiment que, au départ, je me disais tiens, en France, jamais […]. J'étais juste un peu surprise que ce type d'humour

---

5 Les interviews « en profondeur », semi-structurées autour de six questions, duraient de 12 à 48 minutes (23 minutes en moyenne).

s'utilise aussi dans la vie professionnelle et pas seulement dans la vie privée. C'était cela. Moi je me disais, je ne me permettrais jamais de dire cela [...]. Mais surtout par exemple mes collègues qui feraient des blagues avec les chefs, cela en France cela n'arriverait jamais, je ne pense pas en tout cas (Q : pourquoi pas ?). En France il y a vraiment la hiérarchie et vraiment beaucoup plus instituée. Le chef c'est le chef et on fait attention à ce qu'on dit, autrement cela pourrait facilement se retourner contre vous (« Caroline », 28 ans, travaille depuis trois ans comme cadre moyen dans une firme danoise) [6].

[...] L'humour danois c'est un humour à froid, je pense aussi que c'est lié à la langue [...] la langue danoise est une langue qui malgré tout au niveau de l'intonation est assez plate [...]. Je comprends cela comme étant probablement de l'humour 50% du temps, parce que c'est dit sur le même ton, cela arrive dans la conversation [...]. Finalement, bon, en français on a beaucoup d'intonation, on a tendance à appuyer si jamais c'est une plaisanterie [...]. Donc, finalement au moins on voit venir. En danois les plaisanteries arrivent très platement dans la discussion [...]. Il n'y a pas de signes avant-coureurs finalement. Une fois que c'est lâché, j'ai besoin d'un temps de réflexion pour savoir « tiens est-ce que c'est de l'humour ou quoi ? » [...]. Un problème, on n'a pas les mêmes bases culturelles. En France on fait énormément de plaisanteries, on aime se mettre un peu en avant. Au Danemark, on ne peut pas, cela passe très mal. Du coup, la situation est un peu inversée, les Danois ont tendance à mettre la personne devant eux en infériorité, parce que on ne peut pas se mettre en avant (« Janteloven »)[...]. On adore, nous, se mettre en valeur, cela fait vraiment partie de la culture, personne ne le prend au sérieux [...]. Les Danois dans leur humour en général sont très ironiques et très incisifs, un peu cruels, ce sont des remarques qui ...si jamais on ne comprend pas en termes d'humour cela devient blessant [...]. Maintenant quand on me colle une blague j'ai tendance à la prendre d'abord comme n'étant pas une blague, mais ensuite à y réfléchir, ah bon, « n'exagérons pas, c'était probablement de l'humour » (« André », quarantaine, travaille depuis sept ans dans un poste de chercheur dans une université danoise).

---

6 Les citations reproduisent les mots tels qu'ils ont été enregistrés dans les interviews.

Il semble y avoir des explications à cette différence dans l'emploi et dans la réaction à l'humour, d'une part en raison des conditions sociales particulières, qui renforcent les barrières entre des conceptions spécifiques de l'humour ; de l'autre, en raisons des caractéristiques de la langue danoise.

2.1. Explication sociologique

Dans la continuité de la dernière partie de l'interview avec « André », qui développe l'hypothèse selon laquelle « on n'a pas les mêmes bases culturelles », on relève les remarques suivantes : « les Danois ont tendance à mettre la personne devant eux en infériorité, parce qu'on ne peut pas se mettre en avant », « on adore, nous (les Français), se mettre en valeur », qui contiennent déjà en soi une approche sociologique. En effet, il a été montré, dans des études sociologiques très poussées, pour la France (N. Elias, 1969 et 1985; E. Le Roy Ladurie, 1997 ; Ph. d'Iribarne, 2006), comme pour le Danemark (J. V. Jespersen, 2004 ; L. B. Kaspersen, 2006), que ces deux sociétés divergent profondément. Focalisant ici sur la société danoise, nous pouvons dire pour résumer [7] que là où la société française a été formée par le haut, par une société de cour, qui est par excellence une société de rangs dont les normes et conventions ont imprégné la société toute entière, la société danoise a été formée par le bas, par sa culture originellement paysanne. À ceci s'ajoute, pour la société danoise, le fait que le pays est passé d'une grande à une petite nation à la suite de sa défaite face aux Allemands en 1864, où le pays a dû abandonner environ un tiers de son territoire. Cette perte a eu pour conséquence que les Danois se sont vu forcés, pour continuer à survivre en tant qu'unité (« unité de survie » (N. Elias, 1978)), de se replier sur eux-mêmes, et d'avoir à coopérer entre partis politiques et autres acteurs sociaux. C'est là le fondement de *la société de consensus*, qui a mené plus tard vers *l'état providence*. Ces événements ont conduit à accentuer le côté « tribu » des

---

7 Pour plus de détails, voir Lundquist 2009, 2010 et à paraître.

Danois (S. J. Mellon, 1992), leur mentalité « feu de camp » (*camp fire mentality*, J. V. Jespersen, 2004) générant une organisation sociétale « plate », horizontale et renforçant leur sentiment de sécurité, avec, souvent, une certaine incompréhension des autres cultures.

2.1.1. L'auto-ironie danoise au travail

Nous concentrant ici sur l'humour danois dans les contextes professionnels, les remarques de la première personne interviewée, « Caroline », pourront nous servir de point de départ. Ayant remarqué « que les Danois sont très ... ironiques dans le sens où ils peuvent dire des choses négatives, ou méchantes, pour faire rire, et il n'y a rien de profond derrière, mais pour les Français, en tout cas dans les milieux de travail, ce sont des genres de réflexions qu'on ne se permettrait jamais », « que ce type d'humour s'utilise aussi dans la vie professionnelle et pas seulement dans la vie privée », et que « mes collègues qui feraient des blagues avec les chefs, cela en France cela n'arriverait jamais [...] En France il y a vraiment la hiérarchie et vraiment beaucoup plus instituée. Le chef c'est le chef et on fait attention à ce qu'on dit », Caroline pointe effectivement un aspect souvent avancé dans la littérature danoise spécialisée en management, gestion et relations humaines. Tout comme la société danoise est caractérisée par une organisation plate, les relations humaines dans les entreprises sont généralement conçues selon un modèle horizontal, « à courte distance », le « modèle scandinave » du management, en opposition à l'organisation plus hiérarchique de l'entreprise française avec des rapports principalement verticaux, où règne, d'après le sociologue français Philippe d'Iribarne, une « logique de l'honneur » (1989, 1998). À cette organisation plate dans l'entreprise danoise, s'ajoute une résistance générale à se « mettre en valeur », raison pour laquelle il est même recommandé dans la littérature du management d'utiliser l'humour et l'ironie comme des outils spécifiques de gestion des relations humaines dans l'entreprise (O. F. Kirkeby, 2003). L'auto-ironie est prônée comme « une pratique réflexive de gestion capable de détruire un style trop pompeux (*self-pompousness*) » (J. Molin, 2006). L'intérêt de l'humour, de l'ironie et de l'auto-ironie résiderait, selon ces deux auteurs, dans leur effet critique inhérent, capable de créer de la distance par rapport à la fonction exercée. Ainsi, un chef pourra réconcilier les gens de son organisation et « créer des hélices d'apprentissage, sans paraître ni trop corriger, ni trop guider » (O. F. Kirkeby, 2003).

Tout ceci concourt à expliquer pourquoi *l'auto-ironie* est de mise dans des contextes professionnels au Danemark, et non pas en France. En France ce serait *autodestructeur* de risquer de se rabaisser par un acte d'auto-ironie (d'où le terme d'autodérision en France), si celui-ci est mal interprété ; ce serait mettre en péril à la fois son honneur professionnel et son rang hiérarchique. La forme d'humour préférée par les Français au travail, les jeux de mots, se rapporte bien à une exigence sociale de *distinction* (D. Gordon, 1994), qui passe, entre autres, par la maîtrise de la conversation élégante et des jeux de mots. Au Danemark, vu l'organisation sociétale horizontale, il vaut mieux se faire plus petit, comportement social auquel se prête par excellence l'auto-ironie.

2.2. Explications linguistiques

« Alain », dans la première partie de ses réflexions sur l'humour danois, met le doigt sur une des difficultés qu'ont les Danois à transmettre leur humour quand ils parlent une langue étrangère, même s'il s'agit de la *lingua franca* que constitue l'anglais, langue pourtant proche du danois. Le problème réside dans le manque de « signes avant-coureurs » : « En danois les plaisanteries arrivent très platement dans la discussion [...] Il n'y a pas de signes avant-coureurs ». Cependant, Alain se trompe, car, en fait, la langue danoise dispose d'un inventaire important de signes pragmatiques qui signalent si l'énoncé est à prendre comme un acte sérieux ou, au contraire, comme un acte humoristique, ironique ou auto-ironique. Il s'agit des *particules (adverbes pragmatiques, modalisateurs)* appelées aussi « particules de connivence » (*bonding particles*), qui font appel à un arrière-fond de connaissances présupposé connu, par lesquelles un locuteur crée un rapport de connivence et de complicité avec son interlocuteur. L'inventaire comprend les adverbes suivants : *jo, da, nok, vel, vist, så, nu,* etc., qui, tous monosyllabiques, s'insèrent de manière subreptice dans tout énoncé d'une phrase danoise (sauf dans certains registres formels, bien sûr) ; étant de plus atones, ils échappent facilement à un interlocuteur non danois. Omniprésents dans l'emploi de la langue danoise, ces adverbes possèdent des sens multiples et subtils ; des grammairiens danois (E. Hansen & L. Heltoft, 2011) commencent à peine à y voir une certaine systématicité, qui comprend les paramètres sémantiques suivants : sens phatique, sens proximal, sens évidentiel, sens argumentatif.

Du fait de la présence de ces adverbes dans la langue danoise, et de leur emploi étendu, celle-ci a été qualifiée de « langue ciblée sur le destinataire » [8] (« receiver-oriented language », P. Durst-Andersen, 2011), à qui il est confié de chercher la signification dans l'arrière-fond présupposé connu, pour interpréter l'énoncé et lui donner, éventuellement, un sens humoristique ou ironique.

Retenant cette particularité de la langue danoise comme une langue ciblée sur le destinataire, entre autres par l'emploi d'adverbes de connivence, interprétons maintenant les paroles de Lars von Trier à la conférence de presse à Cannes.

8 Selon cette théorie, la langue française appartiendrait aux langues « ciblées sur la réalité » ; d'autres langues, comme par exemple le bulgare, seraient « ciblées sur le locuteur » (P. Durst-Andersen, 2011).

2.3. L'auto-ironie de Lars von Trier confrontée aux autres

Commençons par reproduire les paroles de von Trier, telles qu'elles ont été prononcées en anglais, et rapportées par les Associated Press[9] :

> « I really wanted to be a Jew, and then I found out that I was really a Nazi, because, you know, my family was German » von Trier said. « Which also gave me some pleasure [...]
> What can I say ? I understand Hitler, but I think he did some wrong things, yes, absolutely. But I can see him sitting in his bunker in the end », von Trier said. « He's not what you would call a good guy, but I understand much about him, and I sympathize with him a little bit. But come on, I'm not for the Second World War, and I'm not against Jews [...] I am very much for Jews. No, not too much, because Israel is a pain in the ass ». Von Trier then asked, « How can I get out of this sentence ? » [...].

La traduction des énoncés de von Trier en danois exige une particule, plus précisément la particule « jo ». Le sens de « jo » a été décrit dans la dernière grammaire compréhensive de la langue danoise (E. Hansen & L. Heltoft, 2011) par les deux paramètres *proximal* et *phatique*, comme l'indique le schéma ci-dessous :

Jo	
Sens proximal	Le contenu de p a déjà été identifié par l'interlocuteur
Sens phatique	Le locuteur attend que l'interlocuteur ne le contredise pas

9 Le 18 mai 2011, copyright 2011, The Associated Press. Malheureusement, il n'a pas été possible de reconstituer le contexte précédant ces paroles.

2.3.1. Interprétation linguistique

Nous limitant aux quatre premières phrases, interprétons ce que von Trier aurait fait passer dans sa langue maternelle, en exploitant les sens de la particule « jo » :

> (1) I really wanted to be a Jew/*Jeg ville **jo** gerne være jøde* [Je désirais être Juif].

Von Trier demande à l'interlocuteur de reconstituer la situation présupposée connue, à savoir que par filiation paternelle, Lars von Trier serait d'origine juive. C'est la particule « jo », avec son sens *proximal*, qui nous signale qu'il y a un arrière-fond à exploiter afin d'obtenir une compréhension entière de l'énoncé.

> (2) and then I found out that I was really a Nazi/*og så fandt jeg **jo** ud af jeg var nazist.* [et puis j'ai découvert que j'étais Nazi.]

Encore une fois, « jo » indique qu'il faut recréer la situation ; le vrai père de von Trier était tout autre. Son existence et son identité n'ont été révélées à von Trier par sa mère que sur son lit de mort. Le nom de famille du vrai père, à résonance allemande, pousse von Trier à se qualifier de nazi, exagération qui grâce au sens proximal introduit par « jo », mène à une interprétation ironique visant von Trier lui-même.

> (3) because, you know, my family was German/*for min familie var **jo** tysk* [parce que, vous savez, ma famille était allemande.]

(3) apporte une précision au contenu implicite de (2), tout en soulignant de nouveau le caractère de proximité et de connivence.

> (4) Which also gave me some pleasure/*Hvilket **jo** også gav mig en vis glæde.* [Ce qui m'a aussi donné un certain plaisir.]

Ici, l'interprétation devient plus spéculative du fait que von Trier semble faire référence à sa propre personnalité, dont le caractère tordu et surprenant est supposé connu par l'interlocuteur [10].

Le résultat de ses paroles, dites en anglais, a été, comme on le sait, catastrophique, pour lui, pour le film, et pour sa société cinématographique. Parlant une langue étrangère qui ne possède pas, comme le danois des particules spécialisées dans le proximal et le phatique, dans le sous-entendu et le « privé », von Trier n'en a pas mesuré les conséquences. Il n'a pas envisagé que sa manière d'être ironique et auto-ironique en danois ne passerait pas les frontières, ni la frontière linguistique, ni la frontière culturelle et professionnelle.

2.3.2. Lars von Trier, le directeur de tout – et de rien

La conférence de presse catastrophique de Lars von Trier, de toute évidence sa dernière, faisait suite à la présentation de son film *Melancholia.* Un autre film du réalisateur danois retrace, d'un bout à l'autre, sa conception distancée et ironique de lui-même, en tant que cinéaste-dogme et en tant que directeur. Il s'agit du film *Le Direktor* (en danois : « *Direktøren for det hele* » (*Le directeur de tout*)), dans lequel le patron de la firme, n'osant pas assumer sa responsabilité et son rôle de dirigeant, engage un acteur pour lui faire jouer ce rôle, d'autant plus que des négociations difficiles s'annoncent avec un potentiel acquéreur islandais. Comme le remarque Jean-Luc Lacuve le 05-03-2007 [11], *Le Direktor* est une

> comédie burlesque (qui) traite de la scélératesse de certains patrons, et qui débusque tous les petits comportements et jeux ridicules qui font le sel des relations salariales. […] Lars von Trier en rajoute dans la distanciation comique. Il annonce, interrompt et conclut le récit. Il se moque du dogme.

---

10 La suite de l'entretien illustre à quel point von Trier a perdu pied, s'enlisant dans des phrases de plus en plus pénibles, d'où il n'a pas su sortir comme l'atteste sa dernière phrase : « How can I get out of this sentence ? »

11 http://www.cineclubdecaen.com/realisat/trier/direktor.htm

L'auto-ironie présente partout dans ce film, s'attaque à toutes les fonctions de Lars von Trier : cinéaste, co-fondateur du concept du *dogme* et directeur. Elle contient même un avertissement sur son incapacité avouée d'assumer ces rôles, y compris l'incapacité à jouer le jeu exigé lors d'une conférence de presse internationale.

3. L'auto-ironie danoise confrontée à l'autodérision espagnole et française

Dans ce qui précède, nous avons étudié l'auto-ironie danoise, dans ses aspects sociologiques et linguistiques, en la comparant à l'humour français. Dans cette section, l'auto-ironie danoise sera confrontée à l'autodérision espagnole et française. Celle-ci a été décrite, entre autres, dans des études comparant des chroniques écrites par des journalistes femmes espagnoles et françaises (M. D. Vivero García, 2013 et à paraître). Les situations variant – interactions spontanées, face à face dans l'étude de l'auto-ironie danoise, situation écrite et contrôlée dans l'étude comparative de l'autodérision espagnole et française – la comparaison sera purement conceptuelle.

Il nous semble que la divergence terminologique – « auto-ironie » dans le contexte danois, et « autodérision » dans le contexte franco-espagnol [12] – est révélatrice de la conception même que se font les trois cultures de ce type d'acte d'humour. Dans la culture danoise, il est considéré comme un acte humoristique (auto-*ironie*) de faire rire de soi ; il s'agit d'un acte socialement accepté, voire recommandé pour les raisons sociologiques exposées précédemment et favorisé par la langue danoise. La désignation de ce même acte par l'expression « autodérision », voire « auto-dépréciation » (M. D. Vivero García, 2013), dans les cultures française et

12 Le terme « auto-ironie » n'apparaît qu'une fois dans les deux articles de M. D. Vivero García (2013 et à paraître), dans une allusion à l'auto-ironie juive.

espagnole, témoigne de son évaluation négative et de sa perception comme un acte à visée critique, menaçant pour le *moi*. Ces aspects, nous avons pu, en ce qui concerne le français, les expliciter par l'approche sociologique (N. Elias, 1969 et 1985, Ph. D'Iribarne, 1989) en termes de rangs, de hiérarchie et d'honneur.

Or, cette différence terminologique s'estompe lorsqu'on adopte la distinction conceptuelle entre « objet de l'humour » et « cible de l'humour ». Pour M. D. Vivero García (à paraître), si les chroniqueuses étudiées font « de l'humour sur la représentation qu'elle(s) donne(nt) d'elle(s)-même(s) », « la cible n'est pas ce personnage féminin, mais la mentalité masculine critiquée ». L'autodérision espagnole et française semble ainsi détournée et atténuée par le fait qu'objet et cible sont séparés, *le moi* constituant l'objet mais non pas la cible. Dans l'auto-ironie danoise, en revanche, le moi est à la fois l'objet et la cible de cet *humour sur soi*, qui répond à une fonction – et à une contrainte – sociale de ne pas s'élever au-dessus des autres. Il se peut que l'autodérision des chroniqueuses espagnoles et françaises ne soit qu'un humour sur soi *feint*, la vraie cible étant les conditions sociales et les difficultés rencontrées (M. D. Vivero García, 2013).

4. Perspectives

La comparaison succincte entre l'auto-ironie danoise et l'autodérision française et espagnole que nous avons ébauchée demande des analyses comparatives plus poussées, pouvant contraster des exemples relevant d'une même situation d'emploi. Une voie à poursuivre serait une étude des réactions de sujets venant des trois cultures à des dessins humoristiques à tendance auto-ironique/autodépréciative, faisant suite aux études d'A-M. Houdebine (2011 et ici-même). En attendant, une voie à exploiter sont les études quantitatives à grande échelle sur la *gélotophobie* (« la peur qu'on rie de vous »), dans le cadre desquelles on a comparé 73 pays à partir de questionnaires parallèles (traduits et contextualisés) (R. T. Proyer *et al.*, 2009). Il ressort de ces études que les Danois sont les moins *gélotophobes* de tous (2% de la population interrogée), face à 13% pour les Espagnols. Il n'existe pas de pourcentage directement comparable pour les Français, mais la France se situe au-dessus du Danemark tant sur l'axe de la *méfiance* (*suspiciousness*) que sur celui de l'*insécurité* (R. T. Proyer *et al.*, 2009 : 266-267). Il est fort probable que ces données aient un rapport avec des conditionnements sociaux, qui sont le résultat de processus de civilisation différents, comme ceux que nous avons explicités précédemment pour les cas danois et français.

Conclusion

Si les aspects culturels des différences entre l'humour danois et l'humour français n'ont pas été exhaustivement explicités par l'approche comparative sociologique éliassienne prônée dans cette étude – il faudrait y ajouter le rôle joué par la littérature, l'art, la religion, la philosophie [13] et les médias – il nous semble que l'approche par la notion de processus de civilisation a prouvé son bien-fondé pour la compréhension de la société danoise autant que de la société française.

L'explication linguistique a montré que les traits typologiques du danois (langue ciblée sur le destinataire et usage fréquent d'adverbes pragmatiques de connivence), sont favorables à l'emploi de l'auto-ironie et en accord avec une société à organisation horizontale. La tendance attestée des Français à utiliser les jeux de mots s'explique peut-être, quant à elle, par les particularités prosodiques [14], phonologiques,

13 Il est significatif, nous semble-t-il, que le plus grand philosophe danois, Soeren Kierkegaard (1813-1855), qui a déployé lui-même un grand art de l'ironie dans ses œuvres, ait insisté, dans sa philosophie existentielle des « stades de l'existence », sur l'importance de l'humour et de l'ironie (*Les stades sur le chemin de la vie*, 1845).

14 En particulier la « prosodologie syllabique » (M. Herslund & I. Baron, 2003 : 72).

dérivationnelles et morphologiques de la langue, qui s'y prête foncièrement, par « la simple communauté des images acoustiques » et de ses « rapports associatifs » singuliers, où « un terme donné est comme le centre d'une constellation, le point où convergent d'autres termes coordonnés, dont la somme est indéfinie » (F. Saussure, 1983 : 175).

Il serait, à notre avis, souhaitable de continuer par ces deux voies – sociologique et linguistique – l'étude comparative des trois formes culturelles d'humour – danois, espagnol et français – et plus particulièrement, des types différents de *l'humour-sur-soi*.

Références bibliographiques

Albadalejo Mayordomo, T. (2005), « Retórica, comunicación, interdicursividad », *Revista de Investigación lingüística*, 8, p. 7-33.

Angenot, M. (1983), « L''intertextualité' : enquête sur l'émergence et la diffusion d'un champ notionnel », *Revue des Sciences Humaines*, 189, p. 121-135.

Anscombre, J.-C. *et alii.*, (1995), *Théorie des topoï*, Paris, Kimè.

Attardo, S. (1994), *Linguistic Theories of Humor*, Berlin, Mouton de Gruyter.

Bakhtine, M. (1978), *Esthétique et théorie du roman*, Paris, Gallimard.

Barbe, K. (1995), *Irony in Context*, Amsterdam/Philadelphia, John Benjamins.

Barthes, R. (1964), « Rhétorique de l'image », *Communications*, 4, p. 40-51.

Bell, N. D. (2009), « Impolite responses to failed humor », dans Norrick, N. R., & Chiaro, D. (éds.), p. 143-163.

Benveniste, É. (1947), « Le jeu comme structure », *Deucalion*, 2, p. 161-167.

Bénabou, M. (2004), « Réecritures oulipiennes : plagiat, parodie ou pastiche ? », dans Aron, P. (dir.), *Du pastiche, de la parodie et de quelques notions connexes*, Québec, Nota Bene, p. 175-186.

Bergson, H. (1900), *Le rire*, Paris, Alcan.

Berrendonner, A. (1981), *Éléments de pragmatique linguistique*, Paris, Minuit.

Berrendonner, A. (2002), « Portrait de l'énonciateur en faux naïf », *Semen,* 15, p. 113-125.

Berrendonner, A. (2011), « Négativité et double jeu énonciatif », dans Horak, A. (éd.) *La Litote. Hommage à Marc Bonhomme*, Berne, Peter Lang, p. 127-144.

Bértolo, C. (1992), « Libertad de tendencias », dans Rico, F. & Villanueva, D. (dir.), *Historia y crítica de la literatura española (Los nuevos nombres : 1975- 1990)*, vol. 9, t. 1, Barcelona, Crítica, p. 292-299.

Boujou, E. (2002), *Réinventer la littérature. Démocratisation et modèles romanesques dans l'Espagne post-franquiste*, Toulouse, Presses Universitaires du Mirail.

Bozal, V. (1999), *Necesidad de la ironía*, Madrid, Visor.

Brown, S. & Levinson, P. (1987), *Politeness*, Cambridge, CUP.

Carel, M. (2011), « Ironie, paradoxe et humour », dans Vivero Garcia, M. D. (dir.), p. 57-74.

Charaudeau, P. (2006), « Des catégories de l'humour ? », *Humour et médias. Questions de communication*, 10, p. 19-41.

Charaudeau, P. (2006), « Des catégories de l'humour ? », *Humour et médias. Questions de communication*, 10, p. 19-41.

Charaudeau, P. (2011), « Des catégories pour l'humour. Précisions, rectifications, compléments » dans Vivero Garcia, M.D. (dir.), p. 9-43.

Chiali-Lalaoui, F. Z. (2009), « Le dire par l'humour (à travers une lecture de Muriel Robin) », *Acta Iassyensla Comparationis*, 7, p. 59-66.

Chiaro, D. (1992), *The Language of Jokes. Analysing Verbal Play*, London, Routledge.

Coltier, D., Dendale, P. & Brabanter, Ph. de (éds.) (2009), « La notion de 'prise en charge' en linguistique », *Langue française*, 162.

Culioli, A. (1980), « Valeurs aspectuelles et opérations énonciatives : l'aoristique », *Recherches linguistiques*, 5, p. 182-193.

Dendale, P. (2008), « Rire à plusieurs voix. Polyphonie, ironie et fiction dans les blagues de blondes », dans Birkelund, M., Mosegaard Hansen, M.-B. & Norén, C. (éds), *L'énonciation dans tous ses états. Mélanges offerts à Henning Nølke à l'occasion de ses soixante ans*, Berne, Peter Lang, p. 71-100.

Dendale, P. & Coltier, D. (2005), « La notion de prise en charge ou de responsabilité dans la théorie scandinave de la polyphonie linguistique », dans Bres, J., Haillet, P. P., Mellet, S., Nølke, H. & Rosier, L., *Dialogisme et polyphonie. Approches linguistiques*, Bruxelles, De Boeck/Duculot, P. 125-140.

Ducrot, O. (1980 [1972]), *Dire et ne pas dire. Principes de sémantique linguistique*, Paris, Hermann.

Ducrot, O. (1984), *Le dire et le dit*, Paris, Minuit.

Ducrot, O. (1995), « Topoï et formes topiques », dans Anscombre, J.-C. *et alii.*, *Théorie des topoï*, Paris, Kimè.

Ducrot, O. (2010), « Ironie et négation », dans Atayan, V. & Wienen, U. (éds.), *Ironie et un peu plus*, Berne, Peter Lang, p. 169-181.

Dupriez, B. (1980 [1977]), *Gradus*, Paris, 10/18.

Durst-Andersen, P. (2011), *Linguistic Supertypes. A Cognitive-Semantic Theory of Human Communication*, Berlin/New York, de Gruyter.

Eggs, E. (2009), « Rhétorique et argumentation : de l'ironie », *Argumentation et analyse de discours*, 2, p. 1-13, http://aad.revues.org/index219.html

Elias, N. (1969), *The Civilizing Process*, Oxford, Blackwell.

Elias, N. (1985 [1969]), *La société de cour*, Paris, Flammarion.

Elias, N. (1978), *What is Sociology ?*, New York, Columbia University Press.

Escarpit, R. (1987), *L'humour*, Paris, PUF.

Feinberg, L. (1978), *The secret of humor*, Amsterdam, Rodopi.

Fernandez, M. & Vivero García, M.D. (2006), « L'humour dans la chronique de la presse quotidienne », *Humour et médias. Questions de communication*, 10, p. 81-101.

Forest, R. (2003), « Empathie linguistique et point de vue », *Cahiers de praxématique*, 41, p. 85-104.

Freud, S. (1971 [1905]), *Le mot d'esprit et ses rapports avec l'inconscient*, Paris, Gallimard.

Genette, G. (2002), « Morts de rire », dans *Figures V*, Paris, Seuil.

Gerhardt, C. (2009), « Multimodal and intertextual humor in the média reception situation. The case of watching football on TV », dans Norrick, N. R. & Chiaro, D. (éds.), p. 79-98.

Gordon, D. (1994), *Citizens without Sovereignty. Equality and Sociability in French Thought, 1670-1789*, Princeton, Princeton Univerity Press.

Gosselin, L. (2010), *Les modalités en français*, Amsterdam, New York, Rodopi.

Grunig, B. (1990), *Les mots de la publicité*, Paris, Presses du CNRS.

Guiraud, P. (1978), *Dictionnaire érotique*, Paris, Payot.

Haillet, P.-P. (2007), *Pour une linguistique des représentations discursives*, Bruxelles, DeBoeck.

Hancock, J., Dunham, P. J. & Purdy, K. (2007), « Children's Comprehension of Critical and Complimentary Forms of Verbal Irony », dans Gibbs, R. W. & Colston, H. L. (éds.), *Irony in Language and Thought. A Cognitive Science Reader*, New-York, Erlbaum, p. 425-447.

Hansen, E. & Heltoft, L. (2011), *Grammatik over det Danske Sprog I-III* [Grammar of the Danish Language], Odense, Syddansk Universitetsforlag.

Herslund, M. & Baron, I. (2003), « Language as World View. Endocentric and Exocentric Representations of Reality », dans Baron, I. (réd.), *Language and Culture. Copenhagen Studies in Language*, 29, p. 29-42.

Hidalgo Bayal, G. (2011a), « El hombre que subía las escaleras », dans *Estudios de narrativa española contemporánea. Homenaje a Gonzalo Hidalgo Bayal*, Madrid, CEU Ediciones, p. 13-20.

Horak, A. (éd.) (2011), *La Litote. Hommage à Marc Bonhomme*, Berne, Peter Lang.

Houdebine, A.-M. (2004), « L'esthétisation dans l'art nazi », dans Kandel, L. (dir.), *Féminismes et nazisme*, Paris, Odile Jacob, p.169-182.

Houdebine, A.-M. (2009), « Interdiscursivité et intericonicité comme interprétants en sémiologie interprétative », dans Hébert, L. & Guillemette, L. (dir.), *Intertextualité, interdiscursivité, intermédialité*, Québec, Presses de l'Université Laval, p. 371-387.

Houdebine, A.-M. & Pozas, M. (2006), « De l'humour dans les dessins de presse », *Humour et médias. Questions de communication*, 10, p. 43-64.

Houdebine, A.-M., & Vivero García, M.D. (2011), « Quatre romancières face à la doxa. Étude de l'humour chez Paloma Díaz-Mas, Rosa

Montero, Anne Garréta et Fred Vargas », dans Vivero Garcia, M. D. (dir.), p. 189-202.

Huertas Martín, S. (2011), « Les procédés discursifs de l'humour dans les titres de *Libération* », dans Vivero Garcia, M. D. (dir.), p. 151-159.

Hutcheon, L. (1985), *A Theory of Parody : The Teachings of Twentieth-Century Arts Forms*, New York, Methuen.

Hutcheon, L. (1994), *Irony's Edge. The Theory and Politics of Irony*, Toronto, Routledge.

Iribarne, Ph. d' (1989), *La logique de l'honneur : gestion des entreprises et traditions nationales*, Paris, Seuil.

Iribarne, Ph. d' (1998), *Cultures et mondialisation. Gérer par-delà les frontières,* Paris, Seuil.

Iribarne, Ph. d' (2006), *L'étrangeté française*, Paris, Seuil.

Jankélévitch, V. (1964), *L'ironie,* Paris, Flammarion.

Jeanneret, T. (1999), *La coénonciation en français. Approche discursive, conversationnelle et syntaxique,* Berne, Peter Lang.

Jespersen Knud, J.V. (2004), *A History of Denmark*, New York, Palgrave.

Kaspersen, L. B. (2006), « The Formation and Development of the Welfare State », dans Campbell, J.L., Hall, J.A. & Pedersen, O.K. (éds.), *National Identity and the Varieties of Capitalism. The Danish Experience*, Québec, McGill-Queen's University Press, p. 99-132.

Kerbrat-Orecchioni, C. (1978), « Problèmes de l'ironie », *Linguistique et sémiologie*, 2, p. 10-46.

Kerbrat-Orecchioni, C. (1980), « L'ironie comme trope », *Poétique*, 41, p. 108-127.

Kerbrat-Orecchioni, C. (2011a), « De la connivence ludique à la connivence critique : jeux de mots et ironie dans les titres de *Libération* », dans Vivero García, M. D. (dir.), p. 117-150.

Kerbrat-Orecchioni, C. (2011b), « Politesse, impolitesse, 'non-politesse', 'polirudesse' : aperçus théoriques et application aux débats politiques », dans Held, G. & Hemfrich, U. (éds), *La politesse verbale dans une perspective romaniste*, Frankfurt, Peter Lang, p. 93-116.

Kirkeby, O. F. (2003), « Er tillid en tilbøjelighed ? Om fænomenet tillid set i forhold til begreberne alvor, ironi, humor og retfærdig harme » [Is trust an inclination ? On the phenomenon trust as seen in relation to the concepts seriousness, irony, humor and just harm], *Erhvervspsykologi,* 1 (1), p. 24-34.

Knutson, D. (1999), *Las novelas de Eduardo Mendoza : la parodia de los márgenes*, Madrid, Editorial Pliegos.

Kotthoff, H. (2009), « An interactional approach to irony development », dans Norrick, N. R. & Chiaro, D. (éds.), p. 49-77.

Krieg-Planque, A. (2009), *La notion de formule en analyse de discours*, Besançon, Presses Universitaires de Franche-Comté.

Kristeva, J. (1969), « Le mot, le dialogue et le roman », dans *Sēmeiōtikḗ : recherches pour une sémanalyse*, Paris, Seuil, 1969, p. 82-112.

Labov, W. (1978), *Le parler ordinaire,* Paris, Minuit.

Latour, B. (2005), *Reassembling the social. An introduction to actor-network-theory*, Oxford, Oxford University Press.

Leroy, S. (2004), « Sale comme un peigne et méchant comme une teigne. Quelques remarques sur les comparaisons parangon », dans Lefevre, F. & Noailly, M. (dir.), *Intensité, comparaison, degré* 1, Rennes, Presses Universitaires de Rennes.

Le Roy Ladurie, E. (1997), *Saint-Simon ou le système de la cour*, Paris, Fayard.

Lozano Mijares, M. P. (2006), « Andrés Ibáñez o la novela española posmoderna », *Revista de Literatura*, vol. LXVIII, 135, p. 221-246.

Lundquist, L. (2009), « Humour as a mediator in cross-cultural professional settings. Examples from Danish and French », *Working paper*, 66, International Center for Business and Politics. http://www.cbs.dk/content/view/pub/38214

Lundquist, L. (2010), « Humor in Intercultural professional settings. A shortcut to language, cognition and identity », dans Cresti, E. & Korzen, I. (éds.), *Language, Cognition and Identity*, Firenze, Firenze University Press.

Lundquist, L. (à paraître), *Danish humour in cross-cultural professionnel settings. Linguistic and social aspects.*

Maingueneau, D. (2000), « Instances frontières et angélisme narratif », *Langue française*, 128, p. 74-95.

Maramotti, L. (2008), « Hidalgo, Landero y Chacón : el personaje y la derrota », *Alcántara*, 69, p. 75-89.

Martin, R. (1992a), *Pour une logique du sens*, Paris, PUF.

Martin, R. (1992b), « Ironie et univers de croyance », dans Mulder, W. de *et al.* (éds), *Énonciation et parti pris*, Amsterdam, Rodopi, p. 251-262.

Mellon, S. J. (1992), *Og gamle Danmark ... En beskrivelse af Danmark i det herrens år 1992* [And old Denmark... A description of Denmark in the year 1992], Århus, Centrum.

Molin, J. (2006), « Selvironi som ledelseskompetence » [Self-irony as management competence], *Erhvervspsykologi,* 4(1), p. 26-45.

Morel, M.-A. & Danon-Boileau, L. (1998), *Grammaire de l'intonation. L'exemple du français*, Gap/Paris, Ophrys.

Morier, H. (1998 [1961, 1989]), *Dictionnaire de poétique et de rhétorique*, Paris, Presses universitaires de France.

Navajas, G. (1996), « La para-doxa (pos)moderna. El paradigma de una estética anticanónica », dans Tyras, G. (éd.), p. 23-32.

Norrick, N. R. (1989), « Intertextuality in humor », *Humor*, 2-2, p.117-139.

Norrick, N. R. & Bubel, C. (2009), « Direct address as a resource for humor », dans Norrick, N. R. & Chiaro, D. (éds.), p. 29-47.

Norrick, N. R. & Chiaro, D. (éds.) (2009), *Humor in Interaction*, Amsterdam, John Benjamins Publishing Company.

Olbrechts-Tyteca, L. (1974), *Le comique du discours*, Bruxelles, Éditions de l'université de Bruxelles.

Paillet, A-M. (2009), « La place de l'adjectif dans l'ironie littéraire », dans Fontvieille, A. & Thonnerieux, S., *L'ordre des mots à la lecture des textes*, Lyon, PUL, p. 319-334.

Plett, H. F. (éd.) (1991), *Intertextuality*, Berlin, Walter de Gruyter.

Priego-Valverde, B. (2009), « Failed humor in conversation », dans Norrick, N. R. & Chiaro, D. (éds.), p. 165-183.

Proyer, R. T. *et al.* (2009), « Breaking ground in cross-cultural research on the fear of being laughed at (gelotophobia) : A multi-national study involving 73 countries », *Humor*, 22-1/2, p. 253-279.

Rabatel, A. (2005), « La part de l'énonciateur dans la construction interactionnelle des points de vue », *Marges linguistiques*, 9, p. 115-136. http://www.texto.net

Rabatel, A. (2007), « Les enjeux des postures énonciatives et de leur utilisation en didactique », *Éducation et didactique*, 2, p. 87-114.

Rabatel, A. (2008a), « Figures et points de vue en confrontation », *Figures et point de vue. Langue française*, 160, p. 3-19.

Rabatel, A. (2008b), *Homo narrans. Pour une analyse énonciative et interactionnelle du récit. Tome 1. Les points de vue et la logique de la narration. Tome 2. Dialogisme et polyphonie dans le récit*, Limoges, Éditions Lambert-Lucas.

Rabatel, A. (2009), « Prise en charge et imputation, ou la prise en charge à responsabilité limitée », *La notion de prise en charge en linguistique. Langue française*, 162, p. 71-88.

Rabatel, A. (2010), « Retour sur les relations entre locuteurs et énonciateurs. Des voix et des points de vue », dans Colas-Blaise, M., Kara, M., Perrin, L. & Petitjean, A. (dir.), *La question polyphonique ou dialogique en sciences du langage*, Metz, Celte/Université de Metz, p. 357-373.

Rabatel, A. (2011), « Figures d'à-peu-près et nom propre », *Le français moderne*, 79-1, p. 22-33.

Rabatel, A. (2012a), « Sujets modaux, instances de prise en charge et de validation », *Le discours et la langue*, 3-2, p. 13-36.

Rabatel, A. (2012b), « Positions, positionnements et postures de l'énonciateur », *Tranel*, 56, p. 23-42.

Rabatel, A. (2012c), « Ironie et sur-énonciation », *Vox romanica*, 71, p. 42-76.

Rabatel, A. (2013), « Humour et sous-énonciation (vs ironie et sur-énonciation) », *L'Information grammaticale*, 137, p. 36-42.

Raymond, D. (2009), « La co-intertextualité », dans Hébert, L. & Guillemette, L. (dir.), *Intertextualité, interdiscursivité et intermédialité*, Québec, Les Presses de l'Université Laval, p. 61-70.

Raskin, V. (1984), *Semantic Mechanisms of Humor*, Dordrecht, Reidel.

Ricœur, P. (1983), *Temps et récit*, Paris, Éditions du Seuil.

Ritchie, G. (2004), *The Linguistic Analysis of Jokes*, London, Routledge.

Rossari, C. (2011), « La litote est-elle 'trahie' par le sens de sa négation ? », dans Horak, A. (éd.), *La Litote. Hommage à Marc Bonhomme*, Berne, Peter Lang, p. 115-125.

Roulet, E. (1981), « Échanges, interventions et actes de langage dans la structure de la conversation », *Études de linguistique appliquée*, 44, p. 7-39.

Saussure, F. (1983), *Cours de linguistique générale*, Paris, Payot.

Schmidt-Hidding,W., (1963), « Wit and humor », dans Schmidt-Hidding, W. (éd), *Humor und Witz*, München, Hueber, p. 37-160.

Schoentjes, P. (2001), *Poétique de l'ironie*, Paris, Seuil.

Soubeyroux, J. (1996), « Transtextualité et postmodernité : réflexions sur l'écriture d'Eduardo Mendoza dans *La verdad sobre el caso Savolta* », dans Tyras, G. (éd.), p.145-157.

Sperber, D. & Wilson, D. (1989), *La pertinence. Communication et cognition*, Paris, Éditions de Minuit.

Talens, J. (2005), « Contrapolíticas del realismo (De ética, estética y poética) », dans Sánchez Robayna, A. & Doce, J. (dirs.), *Poesía hispánica contemporánea*, Barcelona, Galaxia Gutenber/Círculo de Lectores.

Tyras, G. (1996), « La postmodernité, et après ? », dans Tyras, G. (éd.), p. 7-12.

Tyras, G. (éd.) (1996), *Postmodernité et écriture narrative dans l'Espagne contemporaine.* Actes du Colloque International Centre d'études et de recherches hispaniques, Université Stendhal (CERHIUS), Grenoble, 16-18 mars 1995. Numéro hors série de Tigre.

Versini, L. (1968), *Laclos et la tradition. Éssais sur les sources et la technique des* Liaisons dangereuses, Paris, Klincksieck.

Vine, B., Kell, S., Marra, M. & Holmes, J. (2009), « Institutional, gender and ethnic demarcation in the workplace », dans Norrick, N. R. & Chiaro, D. (éds.), p. 125-139.

Vivero García, M.D. (2001), *El texto : teoría y análisis lingüístico*, Madrid, Arrecife.

Vivero García, M.D. (2006a), « Procedimientos discursivos y formas de humor en las columnas periodísticas francesas y españolas », *Sintagma. Revista de Lingüística*, 18, p. 67-80.

Vivero García, M.D. (2006b), « La pièce (dé)montée. Étude sémantique d'une description de *Madame Bovary*», *Poétique*, 146, p. 155-162.

Vivero García, M.D. (2008), « Jeux et enjeux de l'énonciation humoristique : l'exemple des *Caves du Vatican* d'André Gide », *Engagement, désengagement : tonalités et stratégies. Études françaises*, 44-1, p. 57-71.

Vivero García, M.D. (2010a), « L'humour dans l'enquête criminelle chez Fred Vargas », dans Menegaldo, G. & Petit, M. (dir.), *Manières de noir. La fiction policière contemporaine*, Rennes, Presses Universitaires de Rennes, p. 251-263.

Vivero García, M.D. (2010b), « Les fausses vraisemblances. Parodie et mise en abyme du vraisemblable fictionnel dans *Les Caves du Vatican* », *Poétique*, 161, p. 75-88.

Vivero García, M.D. (2010c), « Humor e interculturalidad. Características del humor en el discurso periodístico francés y español », dans Penas, A. & Martín, R., *Traducción e interculturalidad : aspectos prácticos y teóricos*, Rabat, Université de Rabat, p. 261-278.

Vivero García, M.D. (2011a), « Ironía y sarcasmo en las columnas periodísticas francesas y españolas », dans Ruiz Miyares, L. & Alvarez Silva, M. R. (éd.), *Comunicación social en el siglo XXI*, Vol. II, Santiago de Cuba, Centro de Lingüística Aplicada, p. 1036-1040.

Vivero García, M.D. (2011b), « Humour, engagement et création littéraire chez Anne Garréta », *Women in French Studies*, 19, p. 85-93.

Vivero García, M.D. (2011c), « L'ironie, le sarcasme, l'insolite... peuvent-ils bousculer les valeurs dominantes ? », dans Vivero García, M. D. (dir.), p. 45-56.

Vivero García, M.D. (2011d), « Humor y subversión de la doxa. El humor del 15-M contra el neo-caca-pipi-talismo », *Viento Sur*, 118-20, p. 107-115.

Vivero García, M.D. (2011e), « Sous les paroles… des paroles. Humour, parodie et contestation dans les slogans de mai 68 » dans Canut, C. & Prieur, J.-M. (éd.), *1968-2008. Événements de paroles*, Paris, Michel Houdiard Éditeur, p. 322-334.

Vivero García, M.D. (dir.) (2011), *Humour et crises sociales. Regards croisés France-Espagne*, Paris, L'Harmattan.

Vivero García, M.D. (2013), « L'autodérision espagnole, l'ironie française et autres spécificités culturelles dans les chroniques journalistiques », *Humoresques*, 37, sous presse.

Vivero García, M.D. (à paraître), « Autodérision et image de la femme chez les chroniqueuses françaises et espagnoles », dans Brunetière, V. (éd.), *Hommage à Anne-Marie Houdebine*.

Yurkievich, S. (1994), « El collage literario : genealogía de Rayuela », dans *Julio Cortázar : mundos y modos*, Madrid, Editorial Anaya & Mario Muchnik, p. 107-121.

Ziv, A. (1988), *National Styles of Humor*, Westport, CN Greenwood Press.

Ont contribué à ce volume

Patrick Charaudeau est professeur émérite à l'Université de Paris XIII et chercheur au CNRS. Son activité de recherche se déploie dans plusieurs domaines : la linguistique hispanique et la linguistique générale, la didactique des langues et l'enseignement du français, l'identité culturelle, la théorie du discours. Il est auteur de : *Langage et discours. Éléments de sémiolinguistique* (1983), *Grammaire du sens et de l'expression* (1992), *Le discours d'information médiatique. La construction du miroir social* (1997), *Le discours politique. Les masques du pouvoir* (2005), *La presse : produit, production, réception*, *Les médias et l'information. L'impossible transparence du discours* (2005). Il a codirigé (avec Dominique Maingueneau) le *Dictionnaire d'analyse du discours* (2002).

David Conte Imbert enseigne à l'Universidad Carlos III de Madrid. Il est docteur en Sciences Humaines. Il a soutenu une thèse sur la réactualisation du mysticisme dans la poésie espagnole contemporaine, à travers l'étude de l'œuvre poétique de Claudio Rodríguez et de José Ángel Valente. Il a publié des travaux sur Benjamín Jarnés et le roman déshumanisé, sur George Perec et sur Juan Goytisolo. Ses lignes de recherche sont la littérature de voyage et les poétiques de la science-fiction et de la littérature policière.

Montserrat Cots Vicente est professeure de Littérature Française à l'Universitat Pompeu Fabra de Barcelone. Elle est présidente de la Société Espagnole de Littérature Générale et Comparée. Ses principales lignes de recherche sont la littérature française et comparée, la littérature et les arts visuels en relation avec les notions d'imitation, d'intertextualité et de réécriture. Elle a publié de nombreux travaux sur des *questions* de littérature française qu'elle étudie dans une perspective contrastive, ainsi que sur la traduction littéraire et les questions de contact entre littératures. Elle est coauteur de l'ouvrage *Introducció a la literatura francesa* (2000) ; elle est auteur du *Dictionnaire Français-Espagnol*, paru chez Bordas en 1977, et du livre *Traslaciones culturales* (2002).

Anne-Marie Houdebine-Gravaud est professeure émérite de linguistique et sémiologie à l'Université René Descartes-Sorbonne. Ses principaux domaines de recherche concernent la langue orale, la sémiologie, le rapport entre l'identité sexuelle et les langues, la linguistique et la psychanalyse. Elle travaille également sur des thématiques comme l'éthique du langage ou la place du chercheur et de la subjectivité dans la recherche scientifique. Parmi les nombreux travaux qu'elle a publiés, figurent *La femme invisible* (sur l'occultation des femmes dans le langage, 1997) et *L'écriture de Shoah* (2008). Elle a dirigé *Féminisation des noms de métier en français et dans d'autres langues* (1998) et *L'imaginaire linguistique* (2002).

Catherine Kerbrat-Orecchioni est professeure émérite à l'Université Lumière Lyon II, après avoir occupé de 2000 à 2005 la chaire « Linguistique des interactions » à l'Institut Universitaire de France. Ses domaines de spécialité sont la pragmatique, l'analyse du discours et l'analyse des conversations. Elle a publié dans ces domaines de nombreux articles et ouvrages, dont *L'énonciation, L'implicite, Les interactions verbales* (3 tomes), *Les actes de langage dans le discours, La conversation* et *Le discours en interaction.* Elle a aussi dirigé un certain nombre d'ouvrages collectifs, le dernier en date étant *S'adresser à autrui : les formes nominales d'adresse en français* (2011).

Lita Lundquist est professeure à la Copenhagen Business School (International Center for Business and Politics). Son domaine de recherche est la linguistique textuelle. Elle est l'auteur de plusieurs livres : *La Cohérence Textuelle* (1980), *L'Analyse textuelle* (1991). Elle a dans le domaine de la linguistique textuelle contrastive publié de nombreux articles, qui comparent des textes produits en langue française et des productions en langue danoise ; ses travaux se concentrent en particulier sur la cohérence textuelle établie par les anaphores.

Anne-Marie Paillet enseigne la linguistique et la stylistique française à l'École Normale Supérieure de Paris (EA 4089, sens, texte, informatique, histoire, Paris-Sorbonne). Elle est spécialiste de l'ironie, domaine dans lequel elle a publié le livre intitulé *Ironie et paradoxe. Le discours amoureux romanesque* et divers articles portant sur l'ironie littéraire à travers différents genres, notamment sur La Fontaine, Voltaire, Marivaux, ou Cohen. Elle aborde également des corpus non littéraires d'humoristes (Desproges, Gad Elmaleh). Elle a étudié récemment les liens entre ironie et hyperbate, ironie et liste, et vient de publier également une étude sur l'intonation ironique.

Alain Rabatel est professeur de sciences du langage à l'Université de Lyon 1. Il est spécialiste d'énonciation, de linguistique textuelle et d'analyse des discours. Rabatel s'est d'abord fait connaître pour ses travaux sur les points de vue, l'empathie et la polyphonie dans les récits avec des ouvrages comme *Une histoire du point de vue* (1997), *La construction textuelle du point de vue* (1998). Il s'est ensuite intéressé aux liens entre argumentation indirecte, effacement énonciatif et points de vue : il a publié dans ce domaine *Argumenter en racontant* (2004), et *Homo Narrans. Pour une analyse énonciative et interactionnelle du récit* (2008). Il travaille aussi sur les figures à partir de la notion de points de vue en confrontation. Rabatel a également publié de nombreux articles sur les discours religieux et médiatiques, autour des questions de responsabilité et de prise en charge énonciative, ainsi que sur des corpus d'interactions orales en contexte didactique.

María Dolores Vivero García est professeure à l'Universidad Autónoma de Madrid. Elle travaille dans le domaine de l'analyse du discours littéraire et journalistique, s'intéressant en particulier à l'énonciation, à la polyphonie et à l'humour. Elle a publié des analyses de l'énonciation dans le discours littéraire, en particulier dans l'autobiographie, des études sémantiques de textes littéraires et des analyses de l'humour dans la presse et dans la littérature. Elle est auteur du livre *El texto : teoría y análisis lingüístico* (2001). Elle coordonne un projet de recherche sur l'humour dans la presse et la littérature en France et en Espagne ; elle a récemment dirigé l'ouvrage *Humour et crises sociales. Regards croisés France- Espagne* (2011).

Table des matières

L'HARMATTAN, ITALIA
Via Degli Artisti 15; 10124 Torino

L'HARMATTAN HONGRIE
Könyvesbolt ; Kossuth L. u. 14-16
1053 Budapest

ESPACE L'HARMATTAN KINSHASA
Faculté des Sciences sociales,
politiques et administratives
BP243, KIN XI
Université de Kinshasa

L'HARMATTAN CONGO
67, av. E. P. Lumumba
Bât. – Congo Pharmacie (Bib. Nat.)
BP2874 Brazzaville
harmattan.congo@yahoo.fr

L'HARMATTAN GUINÉE
Almamya Rue KA 028, en face du restaurant Le Cèdre
OKB agency BP 3470 Conakry
(00224) 60 20 85 08
harmattanguinee@yahoo.fr

L'HARMATTAN CAMEROUN
BP 11486
Face à la SNI, immeuble Don Bosco
Yaoundé
(00237) 99 76 61 66
harmattancam@yahoo.fr

L'HARMATTAN CÔTE D'IVOIRE
Résidence Karl / cité des arts
Abidjan-Cocody 03 BP 1588 Abidjan 03
(00225) 05 77 87 31
etien_nda@yahoo.fr

L'HARMATTAN MAURITANIE
Espace El Kettab du livre francophone
N° 472 avenue du Palais des Congrès
BP 316 Nouakchott
(00222) 63 25 980

L'HARMATTAN SÉNÉGAL
« Villa Rose », rue de Diourbel X G, Point E
BP 45034 Dakar FANN
(00221) 33 825 98 58 / 77 242 25 08
senharmattan@gmail.com

L'HARMATTAN TOGO
1771, Bd du 13 janvier
BP 414 Lomé
Tél : 00 228 2201792
gerry@taama.net

654517 - Mai 2016
Achevé d'imprimer par

1livre.com
du rêve à la réalité !